『영혼의 성』에 나타난 아빌라의 데레사의 가르침
기도 가운데 생기는 분심,
축복인가 저주인가?

기도 가운데 생기는 분심, 축복인가, 저주인가?:
『영혼의 성』에 나타난 아빌라의 데레사의 가르침
Distractions In Prayer: Blessing Or Curse:
St. Tresa of Avila's Teaching in The Interior Castle

초판 발행	2010년 12월 01일
지은이	빌마 실라우스(Vilma Seelaus)
옮긴이	오방식
발행처	은성출판사
등록	1974년 12월 9일 제9-66호

ⓒ 2010년 은성출판사

주소	서울시 강동구 성내동 538-9
전화	070) 8274-4404
팩스	02) 477-4405
홈페이지	http://www.eunsungpub.co.kr
전자우편	esp4404@nate.com

출판 및 판매에 관한 모든 권한은 본 출판사가 소유하고 있습니다. 출판사의 사전 서면 허락없이 상업적인 목적으로 번역, 재제작, 인용, 촬영, 녹음 등을 할 수 없음을 알려드립니다.

Printed in Korea
ISBN: 978-89-723-6389-8 33230

  Originally published in English under the title of "Distractions In Prayer: Blessing Or Curse?: St. Tresa of Avila's Teaching in The Interior Castle" by Vilma Seelaus, published by Alba House in, U.S.A, in September 1, 2005.
  All rights to this book, not specially assigned herein, are reserved by the copyrights owner.

Distractions In Prayer
: Blessing Or Curse?
St. Teresa of Avila's Teaching in *The Interior Castle*

Sr. Vilma Seelaus, ocd

『영혼의 성』에 나타난 아빌라의 데레사의 가르침
기도 가운데 생기는 분심, 축복인가 저주인가?

빌마 실라우스 지음
오방식 옮김

한국어판 저자 서문

  기도 가운데 우리가 겪는 분심의 의미에 관한 아빌라의 데레사의 깨달음들이 아름다운 땅 한국에 전해지는 것을 매우 기쁘게 여깁니다. 이 깨달음들은 하나님으로부터 그녀에게 주어진 것입니다. 식민주의가 팽배하였던 16세기 스페인에서 데레사는 세상 모든 사람들이 그리스도를 알고 사랑하며 그분과의 친밀한 관계로 들어가기를 간절히 소망하였습니다. 그녀의 관심은 군사력에 있는 것이 아니라, 민족적 구분을 넘어 각 사람에게 베푸시는 하나님의 긍휼과 사랑을 자신의 삶을 통해서 드러내고자 애쓰는 사람들의 능력에 있었습니다. 데레사의 마음은 그녀 자신에게 그리도 친밀하였던 하나님을 다른 이들도 알고 사랑하기를 바라는 열망으로 불타올랐습니다.

  데레사를 형성한 가르멜 수도회의 영성은 보편적인 호소력을 가지고 있는데, 이 영성은 가르멜 수도회에서 그들의 영적 창시자로 여기는 선지자 엘리야의 신비 체험에 그 뿌리를 두고 있습니다. 그의 불타는 말 "여호와 하나님이 내 앞에 계시니", "내가 만군의 하나님을 향한 열심이 유별하오니"로 표현된 엘리야의 이중적 영은 전 세기에 걸쳐 원근 각처 가르멜 수도자들의 마음의 불을 지속적으로 지폈습니다.

가르멜 수도회의 영성은 우리의 공통된 유산, 즉 성스러움에 대한 타고난 감각과 같은 인간 마음의 가장 깊은 것을 다룬다는 점에서 보편적이라고 할 수 있습니다. 하나님의 형상과 모양으로 피조된 각 사람은 저마다 독특한 하나님의 그 무엇을 반영하고 있습니다. 하나님의 지속적인 임재를 의식하는 것, 다시 말해서 기도하는 시간뿐만 아니라 일상의 모든 순간에도 하나님의 친근한 임재를 의식하는 것이 가르멜 수도회 기도의 핵심입니다. 여기서는 늘 선지자 이사야의 말이 실재가 됩니다: "밤에 내 영혼이 주를 사모하였사온즉 내 중심이 주를 간절히 구하오리니"(사 26:9, 개역개정판).

우리를 초청하시는 하나님의 그 친밀한 사랑을 묘사하기 위해 세계 여러 종교의 신비가들이 흔히 사용하는 이미지는 열정적인 연인과의 영적 약혼과 결혼의 이미지입니다. 데레사의 『영혼의 성』에서는 이 사랑이 일곱 개의 궁방으로의 여정으로 묘사됩니다. 이것은 우리 내면으로의 여정이기도 합니다. 데레사는 그리스도 안에서 계시된 하나님의 사랑의 그 풍성함 앞에 자신을 개방하고자 하는 우리 안의 깊은 열망으로 우리를 인도합니다. 우리는 하나님을 열망합니다. 하나님이 이미 우리를 열망하셨고, 우리를 취하셔서 삶과 기도의 궁방에서 친밀한 영적 연합을 이루도록 하기 위해 그리스도를 내주셨기 때문입니다. 7궁방에서 하나님은 기도를 통해 십자가에 못 박힌 이의 신부로서 우리의 마음을 정화하시고 성장시키십니다. 그리고 우리는 그리스도와 더불어 삼위일체 하나님의 공동체에 참여합니다. 이로부터 거룩한 긍휼의 열망들이 우리를 통해 흘러 세상에 활기를 북돋습니다. 그 평화는 그리스도 안에서 우리의 것이며, 다른 이들을 평화롭게 합니다.

기도는 우리의 민족적, 인종적, 그리고 문화적 차이를 하나님의 독특한 반영으로 파악한다는 점에서 세계 변혁의 핵심입니다. 하나님의 삼위일체적 다양성의 표현도 우리 인간의 다양성을 통해 표현됩니다. 하나님의 눈을 통해 다른 이를 보는 것은 우리의 다양성이 갈등을 유발할 때 폭력 대신에 긍휼의 눈을 가지는 것을 의미합니다. 데레사는 그의 글을 맺으며 다음과 같이 말했습니다. "일단 당신이 이 성에 거하는 것에 익숙해지면, 당신은 모든 일 가운데 안식을 얻게 될 것이다. 그것이 많은 수고를 요구하는 일이라 할지라도." 여러분은 여러분 삶의 근간이자 뿌리인 사랑으로 여러분의 중심을 채우며 살게 될 것입니다.

우리는 데레사를 통해 신비가들이 별종이 아님을 알게 됩니다. 우리 모두는 어떤 초월적인 경험을 가지고 있습니다. 일상적인 것을 넘어서 갑작스럽게 궁극적인 실재를 직면하는 그 어떤 경험 말입니다. 그러나 우리 존재의 깊이에 다가서는 모든 노력은 칼 라너가 일컫는 바 "일상의 신비"(the mysticism of everyday life)와 관련되어 있습니다. 어떤 비판에도 불구하고 자기정당화를 삼가며 그리스도의 사랑의 복음에 신실하고자 애쓰는 노력은 우리의 상처 입은 자아에 있어서 가장 중요한 것이며, 이것이 곧 일상의 신비를 체험하는 것입니다. 타인을 위해 자신을 부인하고 삶의 어두운 시절에도 하나님의 사랑에 굴복하는 이런 자기 초월의 순간에, 십자가에 못 박혀 높이 들리신 그리스도 영이 우리를 일상의 신비 속으로 이끄십니다.

한국 문화의 영적 뿌리는 수세기에 걸쳐 뻗어 있습니다. 기독교, 불교, 그리고 다른 종교적 신념이 백성들의 영적 갈망을 사로잡았습니다. 많은 한국인들이 그들의 신앙을 부인하기보다는 받아들이며 살았습니다. 부패하고 폭력적인 세상에서 자신의 신앙에 진실하기로 결심한 이들이 피를 흘린 곳은 이제 자신의 신앙을 지탱할 힘을 찾는 이들에게 성소가 되었습니다. 대전 가톨릭 교구는 최근 설립 60주년을 기념하며 순교자들의 피로 말미암아 거룩하여진 그 장소에서 기도하고 그들 신앙의 힘을 발견하였습니다.

유년시절 데레사는 영원을 사모하는 생각에 사로잡혀 무어족의 땅으로 가 순교자가 되자고 자신의 형제를 설득하였습니다. 그녀의 삼촌에 의해 이 시도가 무산되자 데레사는 일상의 삶 속에서 순교자들의 충실한 삶을 따를 것을 재다짐하였습니다. 그녀의 모험적인 정신이 그녀의 글에서 드러나는 사상들을 통해 한국으로 향하는 길을 발견하였습니다.

분심은 인간 됨 속에 내재되어 있습니다. 그것들은 사람들의 삶 속 어디에서든지 현존합니다. 분심들은 인간 실재의 일부분인 의식의 흐름에 주의를 기울이도록 요청하며, 그것들은 우리가 살아 있음을 의미합니다. 인간의 특징으로서 분심들은 하나님의 피조물입니다. 모든 피조물들을 통해 우리에게 말씀하듯이, 하나님은 분심을 통하여서 우리에게 말씀하십니다. 그러므로 분심들은 더 큰 자기 지식과 더 깊은 마음과 정신을 하나님께 내어드리도록 우리를 초청하시는 하나님의 말씀으로 봉사할 수 있습니다. 그것들은 우리가 마음으로 간절하게 간직하고 있는 사물들과 가치들을 반영하고 있을 뿐만 아니라, 우리의 집착과 죄에 대한 개인적이고 독특한 연약함을 아주 분명하게 나타내 줍니다. 동시에 분심에서 비롯된 고민은 우리의 내적 갈등과 공존하시는 하나님을 향한 우리 마음의 열망을 보여줍니다. 각 궁방은 우리에게 제공할 어떤 독특한 것들을 가지고 있습니다.

각 궁방의 특징적인 분심들을 암시하거나 지시하는 것들이 데레사의 글 안에 들어 있습니다. 데레사는 그것들을 어떻게 다루어야 하는지를 충고해 줍니다. 하나님과의 연합을 향한 우리 마음의 가장 깊은 열망이 점점 실현되어감에 따라 그녀는 우리의 영적 성장을 위하여 분심들의 의미를 해석해 줍니다.

오방식 교수님에 대한 데레사의 감사가 매우 크고, 저의 고마움도 그러합니다. 데레사가 오교수님을 축복하며, 그 어느 때보다 더욱 깊은 하나님과의 연합으로 이끄시는데, 저 역시 자비로우신 사랑의 우리 하나님이 오교수님 가슴의 가장 깊은 열망을 실현하는 자리로 이끌어 주시기를 간구합니다. 저는 번역에 요구되는 기술과 시간을 너무나 잘 알고 있습니다.

여러분, 나의 사랑하는 독자 분들은 우리 가르멜 수도회의 기도 가운데 매일 기억될 것입니다. 그래서 여러분 또한 삶의 많은 분심들이 더 이상 괴롭히지 않는 하나님의 늘 현존하시는 임재 속으로 인도함을 받게 될 것입니다.

우리 수도공동체에서 한국어를 말하는 수도자들과 한국인 친구들이 이 번역본에 관한 소식을 접하고 이 책을 요청하고 있다는 소식을 덧붙이게 되어 기쁩니다. 오방식 교수님의 한국어판 번역은 이곳 미국에서도 환영을 받게 될 것입니다.

2009년 8월 15일
빌마

서문

    1985년 내가 회원으로 있는 가르멜 수도회 포럼은 그해 인디애나 주 노트르담의 성 메리 대학에서 연례 가르멜 영성 세미나를 개최하였습니다. 우리의 의도는 가르멜 수도회 신비 전통의 현대적 이해를 위한 해석, 즉 현대적인 해석학에 있었습니다. 그 첫 세미나에서 포럼 회원들은 아빌라의 성 데레사와 십자가의 성 요한에 관하여 발표하였습니다. 또한 우리는 이들의 특정한 텍스트를 읽고 그것에 관하여 참가자들에게 일반적인 강의를 했습니다. 그것이 끝날 때 즈음 우리는 지치고 말았습니다. 그래서 그해 우리는 힘을 나누었습니다. 우리 중 일부는 데레사에 관하여, 다른 일부는 요한에 관하여 전문적으로 다루기로 한 것입니다.

    어렵지만 저는 데레사를 선택하였습니다. 매년 세미나를 준비하며 저는 데레사의 주요 저작을 읽고 또 읽었습니다. 이렇게 1985년 이후로 데레사는 저의 변함없는 동무가 되었습니다. 사실, 내 사무실 가까이 눈에 띄는 곳에 걸려있는 리노 가르멜 수도회의 예술가 마리 셀리스티 수녀님이 그린 데레사의 그림이 저에게 압도적인 영감을 불러일으키고 있습니다.[1] 내가 그곳을 지날 때마다 우리는 자주 조용한 대화를 나누곤 합니다.

지난 여러 해 동안 저는 워크숍에서 데레사의 주요 저작들에 관한 연구를 발표하였습니다. 그 자료들은 대부분 알바 하우스 출판사에서 출간된 육성 강의 녹음을 통해 접하실 수 있습니다. 저는 데레사의 글에서 하나의 특정한 주제를 찾아내는 것을 좋아하고, 또 이를 가지고 현대 작가들과 현대적 이슈와의 대화로서 다루는 것을 즐깁니다. 이렇게 그녀의 글을 살피다 저는 데레사가 기도 가운데 생기는 분심에 대하여 빈번하게 언급함을 알게 되었고, 특별히 그녀의 주저 『영혼의 성』의 여러 궁방에서 이를 다루고 있음을 감지하였습니다. 이에 저는 "기도 가운데 생기는 분심, 축복 혹은 저주"라는 주제로 워크숍을 준비하게 되었고, 여기서 데레사는 분심이 저뿐만 아니라 그 워크숍에 참여한 모든 이들의 기도 속에서 경험되고 있음을 확인시켜 주었습니다. 또한 저는 데레사가 각 궁방에서 독특한 분심의 의미와 그것을 다루는 최상의 방법에

---

1) 그 그림은 루이지애나 주에 있는 성 데레사를 기념하는 교회에 헌정할 계획이었습니다. 이 일을 맡은 주교는 알바 하우스 출판사에서 나온 데레사에 관한 저의 강의 테이프를 듣고 제가 그 그림을 소유하는 것이 좋겠다는 생각을 하였습니다. 이 특전에 대하여 우리는 기증자에게 깊이 감사하고 있습니다.

대해서 언급함을 발견하였습니다. 그리고 이것이 각 궁방의 현대적 이해를 보다 명확하게 한다는 것도 깨달았습니다. 저는 이러한 내용을 수차례 여러 가지 형식으로 다루었고, 그때마다 청중은 열렬한 반응을 보였습니다. 이것이 저로 하여금 이 주제를 보다 심화할 수 있도록 용기를 주었습니다.

데레사가 특별히 초기 궁방들에서 궁방으로의 여정을 시작하기 위한 영혼의 투쟁을 시각적으로 묘사하고 있는 것처럼, 저는 로너건의 **자기 초월의 근본적인 형태**라는 개념이 회심의 단계들을 잘 보여주고 있음을 발견하였습니다.

자크 마리탱(Jacques Maritain)의 **영적 무의식**(*spiritual unconscious*) 개념 또한 데레사의 『영혼의 성』을 설명하는 데 유용합니다. 그녀는 영적 무의식의 지도를 그립니다. 1궁방은 진정한 자아(true self) 밖에서 살아가는 우리의 경향들을 다루고 있습니다. 2궁방이 보다 풍성한 삶으로 깨어나는 장소인 데 반하여 3궁방은 안주(安住)의 방으로서 그저 부족한 대로 머뭅니다. 여기서 각성은 은혜가 됩니다. 4궁방에서는 굴복하는 법을 배우게 됩니다.

그녀의 글을 깊이 탐구하면 할수록 분심의 미묘함과 그 의미의 복잡성이 드러났습니다. 그러나 저는 분심이 칼 라너가 "우리 내면의 모든 실재와 경험들이 은혜의 순간, 혹은 계시의 순간일 수 있다. 왜냐하면 우리의 신성하고 초월적인 계시의 경험은 항상 세상에서의 존재, 즉 세속적인 경험을 통하여 오고 묵상되어지기 때문이다"[2]라고 지적한 것처럼, 각 사람을 자신과의 보다 깊은 연합으로 초대하시는 하나님의 음성일지도 모름을 깨달았습니다. 실로 하나님은 우리의 분심을 통하여 우리와 소통하실 수 있습니다.

이어지는 저의 연구는 분심이 보다 깊고 진실한 하나님과 그리스도의 사랑, 그 사랑의 복음에 관한 지식과 열정을 가져다 줌을 드러내는 것이었습니다. 우리의 내적인 여정은 우리를 영혼의 성 안의 많은 방들로 이끌고, 그 방들에서 하나님에 대한 인간 사랑의 한계를 그 어느 때보다 충만한 사랑으로 확장시킵니다. 이 과정에서 우리는 자신이 하나님의 자기-소통(self-communication)을 향하여 보다 깊은 전환과 열정으로 계속해서 부름 받고 있음을 직면하게 되는데, 이것은 "애벌레"에서 "나비"로, 그리고 타인에 대해서도 보다 자유로워지는 것을 의미합니다. 그러나 우리는 점차 안쪽 궁방으로 진입할수록 분심이 우리의 정신뿐만 아니라 **영혼**에 관여하고 있음을 깨닫고, 실상 이것은 십자가의 요한이 일컫는 바 "영혼의 어둔 밤"을 통하여 오직 하나님만이 다루실 수 있는 것임을 깨닫게 됩니다.

---

2) Karl Rahner, "On the Theology of Worship," in *Theological Investigations*, vol. 19, Edward Quinn, trans. (New York: Crossroad, 1983), pp. 141-149. 또한 "Grace and Religious Experience: The Everyday Mysticism of Karl Rahner," in *Master of the Sacred Page*, edited by Keith J. Egan, T. O. Carm. & Craig E. Morrison, O. Carm. (Washington, DC: Institute of Carmelite Studies, 1997), pp. 189-218을 참조하시오.

6궁방에서 데레사는 자신이 경험했던 어둔 밤에 대해서 묘사합니다. 여기서 하나님은 영혼의 눈을 뜨게 하셔서 인간 **영혼**의 깊이의 차원에서 분심의 근원적인 원인을 보게 하셨습니다. 이곳에서 하나님은 영혼을 신비한 음성의 침묵으로 이끄시어 그분을 사랑하지 않는 것과 하나님을 대체하는 모든 것을 폭로하십니다. 우리가 우리 존재의 깊이를 직면하여 그 불완전함의 무거운 짐을 견디고 그리스도께서 모든 것을 새롭게 하시도록 허락하는 것을 배워나갈 때 분심은 거의 악마처럼 느껴질 수도 있습니다. 우리는 그리스도 안에서 우리에게 속한 "땅의" 모든 것이 또한 "하나님의" 것임을 발견하게 될 것입니다.

7궁방은 우리로 하여금 마침내 하나님 안에서 편안함을 발견하고 항상 중심으로부터 살아가게 합니다. 이곳에서 하나님으로부터 주어진 평화와 거룩은 우리의 불완전성과 서로 모순되지 않고 편안히 공존하게 됩니다. 데레사는 이렇게 그리스도와 더불어 갖는 상호 자기내어줌의 경험을 "십자가에 달리신 이의 종이 됨"이라고 표현하였습니다. 시련들은 이곳에 머물고 있는 평화의 느낌과 고통의 변혁적인 힘을 이끌어내는 그 기도의 깊이를 훼방하지 못합니다. 하나님보다 못한 것에 아니라고 말하고 굴복을 통해 강박적인 자기 점유로부터 해방됨으로써, 데레사의 영혼은 영적 결혼을 통해 하나님과 하나가 됩니다. 데레사의 영혼은 언제나 내주하시는 삼위하나님의 빛을 인식하였고, 그녀의 삶은 그리스도 안에서 풍성하였으며, 타인에게 생명을 주는 그런 삶이 되었습니다. 이것은 우리의 소망이기도 합니다. 우리의 분심은 우리가 영혼의 성의 내적 궁방들을 지나 "왕의 처소"에 이르는 여행에 충실하게 머물러 있도록 돕고, 그곳에서 우리 또한 오늘날의 상황 가운데서 필요에 응답하며 다른 이들을 크게 풍요롭게 할 수 있습니다.

우리를 궁방들로 안내하여 준 데레사에게 감사합니다. 저의 부족함이 풍성한 독서를 방해하는 일이 없도록, 저는 저작과 육성 자료를 접하는 모든 이들을 위해서 매일 특히 성찬성사 가운데 꼭 기도합니다. 특별히 OCD의 키에란 카바노프(Kieran Kavanaugh) 신부님에게 감사드립니다. 분심에 관한 첫 워크숍 이후 그는 그것을 출판하도록 저를 격려해 주었습니다. 그 이전에는 데레사에 관한 저의 방대한 자료를 출판할 생각을 하지 못했습니다. 그러나 그의 격려의 말을 듣고 이 일을 추진할 힘을 얻었습니다. 또한 이 작업의 초기 단계에 제게 조언을 해주었던 OCD의 케빈 쿨리건(Kevin Culligan)에게 감사드립니다. 가르멜 수도회에서의 기도의 서약과 공동체 생활은 이 과정을 더디게 하였습니다. 제 골반을 부러뜨린 낙상 사고는 이 작업을 끝내려는 저를 두 해 동안이나 붙들었습니다. 그러나 이 책이 지금 여기에 있고, 따라서 누구보다도 수도공동체와 함께 저를 지지해 주고 돌보아 준 수녀원 부원장이신 메리 야콜트 (Mary M. Yascolt)에게 감사드립니다. 또한 저의 각주와 인용을 확인해 준 사서 노마진 길레스티(Normagene Gillestie)에게 감사드립니다. 그리고 이 길을 걷는 제게 용기를 준 친구들에게 감사드립니다. 마지막으로 저의 원고에 열렬히 응답하여 준 알바 하우스(ST PAULS/Alba House) 출판사에 감사드립니다. 이 모든 이들로 말미암아 저는 다만 이렇게 말할 뿐입니다. "**모든 축복이 그로부터 흘러나오니 하나님을 찬양할지어다!**"

머리말

1577년 6월, 스페인 톨레도의 수도원에서 성 데레사는 그녀에게 주어진 과업에 대한 별다른 열정 없이 『영혼의 성』 저술을 시작하였다. 그녀는 기도에 관한 글을 쓰는 일에 대하여 어떤 영감 혹은 열망도 느끼지 못했다. 그녀의 건강은 좋지 않았고, 그 외에도 신경써야 할 일들이 많았다. 사실 이 책은 그녀의 순탄치 않았던 생애의 가장 어려운 시기에 쓰여졌다. 데레사의 작품을 좋아하였던 교황 대사(the nuncio Ormaneto)가 바로 그 달에 죽고, 데레사에 대해 적대적인 새 대사가 스페인으로 오고 있었다. 그러나 한 가지 생각이 이 책을 집필하고자 하는 의지에 힘을 실어 주었다. 그것은 기도에 관한 새 책을 쓰는 것이 순명하는 것이라는 생각이었다.

그녀의 집필은 자신에 대한 실망에 사로잡혀 있던 6월에 시작되어 아빌라로 이동하였던 7월 중순까지 계속되었다. 그녀는 5궁방의 두 번째 장까지 집필을 마치고 세 번째 장은 아마도 아빌라에서 7월에 집필하였을 것이다. 이후 그녀는 11월까지 모든 집필을 중단하였는데, 그러다가 11월 29일 집필을 마쳤다. 4일 후 그녀의 영적지도자인 십자가의 요한이 투옥되었고, 데레사는 왕에게 요한의 구명을 요청하는 편지를 보냈다. 이때는 경고와 위협에도 불구하고 데레사를 다시금 수도원장으로 선출한 강생 수녀원의 수녀들이 파문당한 시기이기도 하였다.

이와 같은 외적인 시련과 이 일을 시작하는 것이 마음 내키지 않았음에도 불구하고 그녀는 실제로 이 책의 저술을 매우 즐겼으며, 두 달 반 만에 작업을 마쳤다. 책의 맺는말에는 이와 같은 그녀의 기분이 잘 나타나 있고, 그것은 서문의 분위기와 매우 다른 것이었다: "이제 저는 제게 주어진 일을 마치게 되어 매우 기쁩니다. 그것은 보잘것없는 수고였긴 하지만 매우 보람된 일이었습니다." 사실 이 책에서 그녀가 고민한 특별한 흔적은 찾을 수 없다. 그녀는 아무런 사전 개요 혹은 계획 없이 이 책을 썼다. 수녀들과 대화만 하였을 뿐이다. 이 책의 원본은 세비야의 가르멜 수도원에 보존되어 있는데, 그것을 보면 아무런 초안도 없이 쓰여진 듯 장 구별조차 되어 있지 않다.

한번 저술이 시작되자 두 가지 동기가 그녀를 재촉하였다. 열두 해 앞서 그녀는 자신의 자서전인 『천주 자비의 글』을 저술하였다. 당시 그 책의 원고는 마드리드의 종교재판소에 보관되어 있었는데, 조사관들은 거기서 그녀를 기소할 만한 아무런 근거도 찾지 못하였음에도 불구하고 그런 유의 책이 시중에 유통되는 것은 바람직하지 않다며 출판을 금지시켰다. 그러나 데레사는 기도의 몇 가지 문제들에 관하여 수녀들에게 가르치는 것은 중요하다고 생각했으며, 그녀 저서의 일부분이 유실되지는 않았을까 염려하고 있었다. 두 번째 동기는 그녀의 영적인 삶이 전작을 저술한 이후에 더욱 발전되었기 때문이다. 완전히 새로우며 최종적인 단계이자, 그녀의 신비적 삶에 있어서 가장 평화로운 단계를 설명할 필요가 있다고 생각했던 것이다. 당시 그녀의 장상이었던 그라시안 신부도 그녀가 자서전에서 다루었던 문제들을 새롭게 다루고 또 다른 주제를 첨가한 새로운 책을 저술하는 것이 최선이라고 여겼다. 하지만 이 새로운 책에서 그녀는 자서전적인 서술은 하지 않았다. 다만 이 주제들을 객관적으로 다루려 노력하였고, 종종 개인적인 일들은 자신이 알고 있는 누군가에게 일어난 것처럼 다루었다.

 책의 원고 첫 페이지에서 그녀는 이렇게 말하였다. "가르멜 수도 자매회의 수녀인 나 예수의 데레사는 『영혼의 성』이라 불리는 이 책을 수녀들과 딸들, 그리고 맨발의 가르멜 수녀들을 위해 썼다." 시간이 지나면서 이 책은 세계 여러 언어로 번역 출판되었다. 그리고 원고의 첫 페이지에 나온 표현을 따서 『영혼의 성』이라고 제목 지어졌다. 그 성은 무엇보다도 데레사의 성, 그녀의 영혼이자 그녀의 삶이다. 동시에 그것은 주님의 성이기도 하다. 또한 그것은 독자로 하여금 자신의 성을 볼 수 있도록 하는 망루와 같은 역할을 하기도 한다. 왜냐하면 처음부터 데레사는 그녀 자신의 성과 우리들의 성 사이에 다리를 잇는 데 관심을 두고 있었기 때문이다. 그녀는 자신의 경험을 통해 우리들의 성으로 들어와 깊은 사랑과 존경으로 우리를 앞으로 이끌어간다. 사실 그녀의 작품 전체는 하나님의 거처로서 우리 각 사람의 존재의 위엄을 증언하고 있다. "어떤 방들은 위에 있고, 어떤 방들은 아래 있고, 또 어떤 방들은 옆에 있는데, 그 한가운데에는 하나님과 영혼 사이의 매우 은밀한 교류가 이루어지는 가장 중요한 궁방이 있다."

우리가 잘 알고 있다시피 그 성에 들어가는 출입문은 기도이다. 데레사는 기도와 그 발전이라는 관점에서 영적인 삶을 다루며 그 성을 따라 우리를 인도한다. 데레사의 작품에 관한 해설은 많지만, 누구도 빌마 수녀님처럼 접근한 사람은 없었다. 우리가 이전에 『영혼의 성』을 읽었다면, 이제는 이 책을 통해 『영혼의 성』을 전혀 새롭게 읽게 될 것이다. 빌마 수녀님은 우리들로 하여금 분심이라는 측면에서 그 성을 거닐도록 인도하고 있다. 분심은 기도함에 있어 결국 우리 모두에게 심각한 문제가 되기 때문에 이 같은 저자의 접근은 매우 유용하다. 그것은 영혼의 궁방들에 관한 데레사의 통찰이 우리들로 하여금 분심의 의미를 자각하게 한다는 빌마 수녀님의 확신에서 비롯된 것이다. 우리는 그녀를 통해 분심이 어떻게 저주가 되는 대신에 하나님의 방문으로서 축복이 될 수 있는지를 깨닫기 시작한다. 우리가 성안에서의 여행을 다시 시작하고,

분심들을 응시하고, 일곱 궁방의 프리즘을 통해 그 의미를 찾아간다면, 우리는 그 분심들의 목소리에서 신선한 통찰력을 얻게 될 것이며, 심지어 이들이 하나님의 변화시키시는 과정에 필수적이기에 기꺼이 받아들이게 될 것이다.

Kieran Kavanaugh, OCD

약어표

아빌라의 데레사 선집 *The Collected Works of St. Teresa of Avila*, trans. Kieran Kavanaugh and Otilio Rodriguez, Washington, DC: Institute of Carmelite Studies. 이 선집은 출판사의 이름을 따 ICS로 인용된다.

「완덕의 길」의 판형. ICS, 2000.

Vol. 1 (1976):	*The Book of Her Life*(자서전)	BL
Vol. 2 (1980):	*The Way of Perfection*(완덕의 길)	WP
	The Interior Castle(영혼의 성)	IC
Vol. 3 (1985):	*The Book of Her Foundations*(창립사)	BF

「십자가의 요한 선집」 *The Collected Works of St. John of the Cross*, revised edition, trans. Kieran Kavanaugh and Otilio Rodriguez, Washington, DC: ICS, 1991.

The Ascent of Mount Carmel(가르멜의 산길)	A
The Dark Night(어둔 밤)	DN
The Spiritual Canticle(영적 찬가)	SC
The Living Flame of Love(사랑의 산 불꽃)	LF
The Sayings of Light and Love	SL

「리지외의 데레사 자서전」 *Story of a Soul: The Autobiography of St. Therese of Lisieux*, 3rd ed., trans. John Clarke, Washington, DC: ICS, 1996.

Story of a Soul	SS

기도 가운데 생기는 분심:
축복인가 저주인가?

서언

무대 마련하기

인간-하나님 관계성의 신비

　십자가의 요한이 쓴 사랑하는 이를 찾아 나서는 연인의 드라마틱한 시 『영적 찬가』는 연인의 고통스러운 외침으로 시작한다. "아아, 어디에 그대를 숨기신고, 사랑하는 님하, 탄식 속에 날 버려두시고?" 우리 각 사람의 깊은 곳에는 영혼의 가장 깊은 갈망을 만족시킬 수 있는 유일한 분인 사랑하는 하나님을 향한 다함없는 갈망이 있다. 그러나 우리의 기도 경험은 우리로 하여금 요한의 말을 우리 자신의 고통스러운 외침으로 바꿔 말하게 한다: "사랑하는 님이시여, 어디에 숨어 **나를 분심들 가운데 내버려두었소?**" 복음서의 탕자 이야기에서 아버지는 불평하는 첫째 아들에게 다음의 사실을 상기시킨다. "아들아, 너는 나와 항상 함께 있지 않았느냐?" 분심들은 큰아들과 같이 참으로 항상 우리와 함께 있다. 분심들은 우리로 하여금 하나님께서 분심들을 탕자에게 베푸신 동일한 보살핌과 변혁을 일으키는 환대로 환영하신다는 것을 인식하고 재확신하게 하는 중요한 사명을 충성스럽게 감당하고 있다. 아빌라의 데레사는 우리로 하여금 영적 변화를 위해서 분심들의 중요성을 볼 수 있도록 돕는다. 우리는 그녀의 『영혼의 성』이라는 프리즘을 통해서 분심이 우리 자신과 분심들, 그밖에 모든 것을 환영하시는 그분을 향한 깊은 헌신과 함께 우리 영혼의 여러 궁방에서 자기 지식을 발전시킬 기회를 제공함을 발견한다. 분심들은 우리와 늘 함께 있기 때문에 기도의 목표는 그것을 제거하는 것이 아니다. 기도에서 분심들을 완전히 제거하려고 시도하는 것은 또 다른 형태의 분심들이 될 수 있다. 하나님은 영혼을 압도하여 내적 평온함으로 이끌어 내실 수 있고, 실제로 그렇게 하신다. 물론 고요한 정념(quiet mindfulness)의 상태에 이르도록 돕는 기술들이 있지만, 우리는 너무 자주 기도 가운데서 분심들과 계속해서 씨름한다.

기도의 일반적인 구성요소로서 분심은 우리들로 하여금 정신 작용을 통합하는 의식의 흐름에 주의를 기울이도록 요청한다.[1] 이러한 의식의

---

1) "Contemplation and Stream of Consciousness" by Kieran Kavanaugh in *Carmel and Prayer: A Tradition for the 21st Century* (New York/Mahwah, NJ: Paulist Press, 2003), p. 101 ff. 을 보라.

흐름은 인간 실재(human reality)의 일부이다. 그것은 우리가 살아 있음을 의미한다. 인간됨(being human)의 특징으로서 분심은 하나님의 창조물이다. 하나님은 당신의 모든 창조물들을 통해서 우리에게 말씀하시므로 분심들을 통해서도 말씀하신다. 그러므로 분심들은 우리를 더 큰 자기-인식 및 하나님을 향한 정신과 마음의 보다 깊은 차원의 순종으로 초대하는 "하나님의 말씀"과 같은 역할을 할 수 있다. 하나님은 하나님과 우리 자신에 대한 사랑의 지식으로 우리를 이끄시기 위해 모든 기회를 사용하신다. 분심들은 하나님 안에서의 보다 더 충만한 삶으로 나아가게 하는 참된 출입문이다. 그것은 종종 우리가 마음에 품고 있는 깊은 실재들을 반영한다. 그것은 우리가 소중하게 붙잡고 있는 가치와 사물들을 반영하고 있다. 또한 그것은 우리의 집착과 죄에 대한 개인적이고 고유한 연약함의 진실을 환하게 드러낼 수 있다. 동시에 분심들로 인해 우리가 느끼는 당혹감은 우리의 내적 갈등들과 함께 존재하시는 하나님을 향한 마음의 갈망을 나타낸다.

데레사의 『영혼의 성』에서 일곱 개 궁방들은 하나님과의 연합을 향한 마음의 갈망에 초점을 맞추고 있다. 데레사는 여기서 우리의 기도 안에서의 하나님의 역할에 주의를 기울인다. 왜냐하면 그녀의 경험상 "오직 우리가 기도 가운데서 스스로 할 수 있는 것들만 우리에게 설명된다: 주께서 우리 영혼 안에서 역사하고 계시는 일들에 대해서는 밝혀진 바가 아주 적다"(1궁방 2,7).[2] 하지만 데레사는 동시에 주님이 하시는 것을 설명하면서, 기도를 통한 하나님과의 관계 가운데 우리의 역할이 무엇인지를 이해하도록 도와준다. 특별히 분심의 문제에 있어서 그렇다. 그녀의 글에는 각 궁방 고유의 서로 다른 분심들에 대한 단서와 조언이 얽혀 있다. 그녀는 어떻게 그것에 대처해야 할 것인가에 관한 것뿐만 아니라 우리의 영적 성장에 있어서 그것이 가지는 의미를 해석해 준다.

우리는 이 일곱 궁방과 그에 딸린 무수한 방들을 지나며, 각각의 궁방에 독특하게 반영되어 있는 우리의 삶과 분심들을 본다. 이어지는 것은 우리가 데레사의 『영혼의 성』의 궁방들 가운데 분심들을 발견해 가면서 그것의 다양한 차원과 그 의미를 찾아내는 것이다. 이러한 궁방들과 분심들에 관한 데레사의 통찰력 있는 언급들에 대한 해석학적인 이해를 통하여 우리는 우리 자신의 분심들의 목소리에 새로운 통찰력을 가지고 귀 기울일 수 있게 되고, 그것의 변혁적인 잠재력을 발견할 수 있게 된다.

중심에 있는 방에 도달하는 것을 방해하는 것들에 대한 데레사의 권고는 우리가 성의 여러 궁방들을 지나며 내면을 여행하는 동안 우리의 주의를 환기시킨다. 우리가 너무나도 쉽게 우리의 목적으로부터 벗어나기 때문에 보다 깊은 차원의 회심을 향한 하나님의 초대가 궁방들에 대한 데레사의 주해 안에 있다. 데레사는 "성안에 머무는 방식에 있어서

---

2) 저자는 이 책을 쓰면서 아빌라의 데레사와 십자가의 요한에 대한 모든 인용은 Kieran Kavanaugh와 Otilio Rodriguez, OCD의 번역본을 참조하고 있음을 밝힌다(Washington, DC: Institute of Carmelite Studies).

커다란 차이가 있다"(1궁방 1,5)고 역설한다. 각각의 궁방들은 보다 더 완전함, 즉 마음의 회심, 하나님을 향한 영혼의 보다 더 온전한 돌이킴으로의 부르심을 담고 있다. 영혼에게 끊임없이 사랑을 베푸시는 하나님은 계속적인 도덕적, 지적, 종교적 회심, 다시 말해서 보다 더 깊은 하나님과의 사랑의 관계로 나아가야 할 영혼의 필요성을 일깨우신다.[3] 이러한 회심의 계속적인 과정 가운데서 데레사는 분심이 여기저기에 있으며, 그것을 자기 지식의 성장과 마음의 회심, 하나님께 대한 사랑의 복종을 성장시키기 위한 선물로 이해하도록 우리를 돕는다.

다소 길지만 4궁방의 한 장에서 발견되는 핵심적인 본문은 궁방을 성찰하도록 준비시킨다. 이 궁방에서 데레사는 묵상에서 관상으로의 전환에 관심을 기울인다. 그녀는 쓰기를,

> 아, 주여! 이 길에 있어서 무식한 탓으로 우리가 치르게 되는 고생을 살펴주소서. 무식한 탓으로 저지르는 불행은 우리가 당신만을 생각할 줄 알면 그만이다 하는 데서 오고, 또 아는 이들에게 물어보지도 않으며 물어야 할 것이 무엇인지도 모르는 데서 오는 것입니다. 따라서 우리 자신을 모르기 때문에 고생만 실컷 하게 되어 좋은 것도 나쁜 양 크나큰 잘못으로 간주합니다. 기도 생활을 하는 많은 사람들

---

3) Bernard Lonergan, *Method in Theology* (New York: Seabury Press, 1972; San Francisco: HarperSF, 1985). 특별히 237쪽부터 주목하여 보라.

이 고민하는 것은 이런 데 그 원인이 있습니다. 더욱이 지식이 없는 그들 대부분은 마음속의 고민을 못 이겨내어 우울증에 걸리고, 건강을 잃고, 나아가서는 기도마저 아주 집어치우게 됩니다. 더 말할 것 없이 자기 안에 하나의 세계가 있다는 것을 생각하지 않는 까닭입니다. 보십시오. 삽시간에 전속력을 내어서 옮겨지는 천체의 움직임을 우리 힘으로 잡지 못하는 것처럼, 우리의 상상을 멈추게 할 힘도 우리에겐 없습니다. **그래서인지 우리는 영혼의 모든 능력이 상상과 함께 옮겨지는 줄로 여겨서 하나님 앞에서 보내는 시간이 잘못 쓰였다, 허사가 되었다 하고 생각합니다**[저자 강조]. 하지만 상상이 궁성 밖에서 갖은 맹수와 독충에 시달리면서 그 시달림으로 공로를 쌓아가는 동안, 영혼은 보다 높은 궁방에서 주님과 아기자기하게 지내는지도 모를 일입니다. 그러기에 함부로 마음을 어지럽히거나 기도를 놓아버리거나 해서는 안 됩니다. 이것이야말로 악마가 노리는 바입니다. 대개의 경우, 우리의 불안과 고민은 모두 다 우리 자신을 알지 못하는 데서 오는 것입니다(4궁방 1,9).

시련과 방해거리들과 관련하여 자기-이해, 자기-지식의 필요성에 대한 데레사의 강조는 숙고해 볼 만한 가치가 있다. 십자가의 요한 또한 비슷한 맥락에서 "우리는 무지로 인해 고통 받는다", 즉 자기-지식이 하나님을 아는 지식으로 나아가는 데 있어서 우선적으로 요구됨을 말한다(『영적 찬가』 4.1). 그는 또한 "시련들은 영혼을 겸손과 자기-지식 가운데 보전한다"(『어둔 밤』 1.14.5)라고 말한다. 영혼의 밤은 하나님께서 인간의 마음 안에 하나님을 위한 공간을 만들어 가심에 따라 우리를 우리 자신에게 노출시킨다. 『사랑의 산 불꽃』에서 하나님의 사랑의 불꽃은 먼저 고통을 야기시킨다; 그것은 밝음이 아닌 어둠이다.

이 불꽃이 영혼을 평화스럽거나 신선하게 해주는 것이 아니라 오히려 탈진하게 하고 책망하는 것이 된다. 영혼을 거의 죽어가게 하며 자기만의 고유한 앎에 있어서 고통스럽게 하기 때문이다. 그리고 이 불꽃이 영혼에게 영광스러운 것이 아니라 오히려 영혼을 초라하게 만들고 자신을 깨닫게 해주는 영적인 빛 속에서 고통을 주기 때문이다. 예레미야가 말하듯이 하나님께서 보내신 빛은 영혼의 뼛속까지 꿰뚫으시면서 영혼을 가르친다[애 1:13]. 그리고 다윗이 말하듯이 영혼을 불로 달구어 시험하신다[시 17:3](『사랑의 산 불꽃』1.19).

우리가 살펴보게 될 것처럼, 분심들은 자기-지식의 매우 귀중한 자원이다. 그러나 그 과정에서 분심들은 우리를 불로 시험한다! 우리가 만약 분심들이 우리에게 요구하는 내면의 작업에 개방할 수 있다면 하나님은 우리 영혼의 변화를 위해서 분심들을 통해 일하실 것이다.

자기-지식: 우리가 우리 자신에 대하여 알아야 할 것
인간 삶에 있어서의 하나님의 현존

인간 삶에서의 하나님의 친밀한 현존을 인식하는 것은 자기-지식에 필수적인 것이다.

원시동굴의 그림들, 세계 종교의 경전들, 신비가들의 저작들, 오늘날에 있어서 영성의 부흥, 이 모두는 인간 삶 가운데 드러나는 하나님의 편린들이다. 엘리아데(Mircea Eliade)는 세 권으로 된 그의 걸작 『종교 사상의 역사』(History of Religious Ideas)에서 "거룩함"(the sacred)이 인간 의식 그 자체 안에 있는 요소라는 점을 보여준다. 그것은 시간이 흐름에 따라 진화하는 어떤 것이 아니다. 고대 문화에서는 모든 것이 종교적인 행위로 간주됐다. 음식을 구하는 것, 성생활과 일 이 모든 것이 성례적인 가치를 가지고 있었다. 엘리아데는 인간이 된다는 것은 "종교적인"[4] 존재가 된다는 것을 의미한다고 결론짓는다.

하나님을 향한 생래적 욕구로서 기도의 역동성은 인간의 정신(psyche)

---

[4] 위대한 철학자요 세계종교역사학자인 엘리아데는 주장한다. 인간 안에 있는, "진정하고 의미 있는 세상에 대한 의식은 신성의 발견과 친밀하게 연결되어 있다. 신성의 경험을 통하여, 인간 정신은 진실하고 능력 있고 부유하고 의미 있는 존재로서의 자신을 드러내는 것과 이 자질들이 부족한 것, 즉 사물들의 혼란스럽고 위험한 유동, 그것들의 우연하고 지각 없는 겉모습과 차이 사이의 구별을 인식해 왔다. 짧게 말해서, 신성은 의식구조의 한 요소이며 의식의 역사 안에서의 한 단계가 아니다." 신성의 타고난 감각으로부터 세계종교는 발전하며 영성 전통들이 생겨난다. Mircea Eliade, A History of Religious Ideas, trans. by Willard R. Trask (Chicago: University of Chicago Press, 1982, Vol. 1).

에 뿌리를 두고 있다. 하나님은 저 멀리 떨어진 하늘에 계시지 않는다. 하나님의 신비는 안으로부터 드러나고, 삶의 모든 외적인 사건들에 의해서 뒷받침된다. 데레사의 자기-이해가 이와 같다. 그녀의 인격, 하나님, 기도 이 모든 것이 한데 얽혀 있다. 십자가의 요한 역시 이러한 이해에 있어서 데레사를 지지한다. 하나님과 영혼의 본질적인 연합에 대해 말하며 그는 다음과 같이 쓴다.

> 우리가 다루려는 이 일치가 무엇인지 알기 위해서 알아두어야 할 것은 비록 세상에서 가장 중한 죄를 지었다 할지라도 어떤 영혼 안에서든지 하나님께서는 실체적으로 머무르시면서 그 영혼을 도와주신다는 것이다. 이런 의미에서라면 하나님과 모든 피조물 사이의 일치는 항상 이루어져 있는 것이다(『가르멜의 산길』2.5.3).[5]

이러한 하나님과의 본질적인 연합이 없다면 우리는 존재하기를 멈추게 될 것이다. 우리의 존재와 우리의 정체성 이 양자는 상호 관계적인 것이다. 우리는 하나님으로부터 이 양자를 받는다. 우리의 전존재는 인간-하나님 관계성의 신비이다. 십자가의 요한은 『영적 찬가』11.3절에서 하나님의 세 가지 현존에 대해서 설명한다. 첫째: 본질에 의한 하나

---

[5] 십자가의 요한은 영혼이 하나님과 하나님의 새로운 사랑 안에서 그분에 대한 새로운 이해로 옷 입혀지는 자리에 또 다른 연합과 사랑을 닮은 변화가 있음을 지적한다(『가르멜의 산길』1.5.7).

님의 현존, 혹은 하나님께서 삶과 생명을 주시는 모든 이들 안에서의 하나님의 본질적인(또는 실체적인) 현존. 둘째: 은혜에 의한 현존. 요한의 표현대로 하나님은 은혜를 통해 기쁨을 얻고 만족한 영혼 안에 거하신다. 셋째: 요한이 **영적 애정**(*spiritual affection*)이라고 부른 하나님의 현존. 그는 "하나님은 신심 깊은 영혼들을 활기차고 즐겁고 기쁘게 해주시는 방법 중 많은 경우 그들에게 당신의 영적 현존을 주시곤 한다"라고 쓴다. 요한은 여기서 상호작용하는 현존의 심오한 차원을 언급한다. 본질적 현존으로부터 신비적인 일치에 이르기까지 이러한 하나님의 현존의 양태를 이해하는 것은 앞으로 논의될 다양한 차원의 기도 가운데 우리를 습격하는 분심들에 우리가 어떻게 대처할 수 있을지를 결정하는데 도움을 준다.

칼 라너는 우리 인간의 초월적 성향(orientation)에 대한 심오한 이해를 보여준다. 그는 우리가 항상 궁극적이고 본질적인 삶의 비논제적이고(non-thematic) 비반성적인(non-reflective) 차원에서 스스로를 반성함으로써 스스로에 대해서 아는 것보다 우리 자신을 더 많이 경험한다는 입장을 고수한다. 우리는 우리 자신에 대해서 지성(mind)이 파악할 수 있는 것보다 직관을 통하여 더 깊이 이해할 수 있다. 하나의 실재로서 자아의 경험과 하나님 경험에 대해 쓰면서 라너는 다음과 같이 대담하게 주장한다.

지식과 자유를 가능케 하는 조건을 구성하고, 그러므로 말 그대로 주체로서의 삶을 가능하게 하는 조건을 구성하는, 이해할 수 없고 말로 표현할 수 없는 신비로의 인간의 초월적 성향 [인간 인격]은 그 자체로, 비록 하나님에 대한 비논제적 경험임에도 불구하고 실재를 내포한다.

인간이 신학이나 자기 계시적인 하나님의 말씀에 대해서 알지 못한다고 하더라도, 그럼에도 불구하고 라너는 다음과 같이 쓴다.

…하나님 경험과 자아 경험이 단순히 동일한 것은 아니지만, 그럼에도 불구하고 양자가 일치로부터 떨어져서는 전혀 그런 경험이 있을 수 없다는 그런 종류의 일치로 존재한다.

그는 계속해서:

나아가 이러한 연합은 다음과 같은 사실에 기초하고 있다. 즉 본래적이고 궁극적인 하나님 경험은 자아 경험을 가능하게 하는 조건과 그 내재적 요소를 구성하되, 하나님 경험 없이는 자아 경험도 가능할 수 없는 방식으로 구성한다. 다시 말해서 하나님 경험에 대한 개인의 역사는 그 자체를 넘고 넘어 자아 경험의 개인적 역사를 나타낸다.[6]

영적 여정에 있어서 중요한 것은 라너 사상의 심오한 실재를 이해하는 것이다. 인간 삶에 있어서의 하나님의 실체적이고 본질적인 현존은 매우 친밀한 현존으로서 그것 없이 우리는 존재할 수 없다. 우리의 자유와 의식의 초월적 기능들은 우리 영혼과 하나님 사이의 본질적인 연합 안에서 우리의 것이 되는 궁극적인 초월성으로부터 흘러나온다. 라너가 바르게 주장하고 있듯이 우리의 하나님 경험과 자아 경험은 의당 각각 자기의 본래적 영역에 속한 논제들을 구성하고 있다 하더라도 하나님 경험 없이는 자아의 경험도 불가능하다. 세바스천 무어(Sebastian Moore)는 자아 인식을 "하나님의 흔적 또는 지문"[7]으로 묘사한다. 지난 20세기 중엽에 살았던 쟈크와 라이사 마리탱(Jacques and Raissa Maritain)은 분심들을 다루는 데 있어서 유용한 인간의 자기-이해에 관한 연구를 진전시켰다. 심리학적 무의식의 발견이 가진 추진력 아래서, 마리탱 부부는 관상과 마찬가지로 직관과 창조적인 과정과 같은 생래적으로 다양한 종류의 지식들도 모두 소위 영적 무의식이라고 하는 것에 뿌리내리고 있음을 보기 시작했다. 이것은 영혼의 자연적인 영적 깊이이며, 은혜는 이것을 소위 초자연적 무의식으로 변화시킨다. 십자가의 요한은 자신의 초자연적인 무의식의 심연으로부터 다음의 시를 분출시켜 쏟아내었다.

---

6) Karl Rahner, "Experience of Self and Experience of God," in *Theological Investigations*, vol. 13, David Burke, trans. (New York: Crossroad, 1983), p. 122 ff.
7) Sebastian Moore, *The Fire and the Rose Are One* (New York: Seabury Press, 1980), p. 120.

오! 사랑하는 님을 찾아가서 당신과 합일하기 위해 당신께서 살고 계신 곳을 그렇게나 알고 싶어 하는, 모든 피조물 중에 가장 아름다운 영혼아, 이제 네게 이렇게 말해 준다. "네 자신이 당신께서 살고 계신 집, 당신의 비밀스러운 골방, 숨어 계신 곳이다. 네 행복과 소망의 대상께서 이렇듯 네 안에 가까이 계시고, 더구나 당신 없이 네가 존재할 수 없음을 아는 것이 네게 얼마나 큰 자랑이며 기쁨인가." 신랑께서 말씀하신다. "보라 하나님의 나라는 너희 가운데 있다"[눅 17:21]. 그리고 당신의 종 사도 바울이 말한다. "우리는 살아계신 하나님의 성전입니다"[고후 6:16](『영적 찬가』1.7).[8]

초자연적인 무의식의 지도 제작
데레사의 『영혼의 성』

마리탱이 초자연적인 무의식이라고 부른 것을, 데레사는 우리를 위해 여러 궁방을 통과해 지나가는 여정 사이의 궁방과 궁방으로 그려 주었다. 그녀는 능숙하게 우리를 영혼(the spirit)의 내적 세계로 인도해 준다. 그녀는 우리가 신비주의적 저작 가운데 고전인 그녀의 『영혼의 성』을

---

8) 인간의 신비에 관한 훌륭한 요약은 『영적 찬가』1절을 보라. 십자가의 요한은 우리가 왜 하나님과의 기도의 관계에서 종종 고통당하는지 이해하도록 돕는다. 이 장은 데레사의 『영혼의 성』에 대한 훌륭한 입문을 제공한다.

살필 때 우리를 격려해 준다. 우리는 마음의 눈으로 오늘날 우리 삶에 의미를 주는 현대적 이해를 찾아 나선다. 각각의 궁방에 독특하게 나타나는 분심들과 그에 대한 적절한 반응은 우리가 본문에 초점을 두고 접근하도록 돕는다. 그렇게 함으로써 데레사와 함께 우리는 그녀가 좋으신 예수님이라고 부른 분께 나아갈 수 있다. 그분 안에서 인간 안에 계신 하나님의 본질적인 현존이 나타난다. 우리는 궁방을 지나는 여정 가운데 그분과의 사귐을 갖기를 기대한다. 왜냐하면 예수 안에서 하나님이 구체적으로 나타나시기 때문이다. 우리의 육체와 영혼, 심지어 우리의 분심들도 그분과의 관계의 연속선상에 있다. 신적 내재하심 및 나뭇가지가 포도나무에 붙어 있는 것처럼 우리도 그분 안에 내재하고 있다는 사실에 대해서 가장 확신 있게 말씀하신 분이 바로 예수님이시다. 하나님의 삼위일체적인 삶은 상호 내재 가운데 우리 안에서 거할 곳을 찾으신다.

성을 통과해 지나는 여정

우리는 다음과 같은 점을 분명히 하면서 시작하려 한다: 데레사의 영혼의 성은 결코 평범한 성이 아니다. 그것은 데레사가 말하고 있는 것처럼 수정 다이아몬드와 같거나 혹은 유일하게 먹을 수 있는 중심부를 많은 잎으로 덮고 있는 팔미토 식물과 같다. 그 중심은 하나님이시다.[9]

궁방을 묘사하는 수많은 구절 하나하나는 죄 된 삶이 그 생명력 있고 총체적인 현존으로 영혼의 "성을 쌓으시는" **하나님 안에서** 스스로를 발견하는 영혼에게 미치는 영향력을 통해서 성-영혼에 더 많은 뉘앙스를 덧붙인다.[10] 궁방들은 하나님과의 기도 관계의 역동을 중심에 있는 방을 향한 중심 지향적인 움직임으로 보여준다. 라너는 이를 다음과 같이 말한다.

> 모든 실재의 중심, 모든 무한성(all infinity)의 가장 깊은 내적 중심, 가장 거룩하신 하나님의 사랑이 우리의 중심, 우리의 마음이 되신다. 진실하고 절대적인 실재가 이제 우리의 무(無) 가운데 사신다; 하나님의 권능이 우리의 연약함을 생기 있게 하신다; 영원한 생명이 죽을 수밖에 없는 인간 존재 안에서 사신다.[11]

중심에 있는 방을 향하여 내적으로 끌어당기는 힘이 있다. 그러나 영혼이 일단 가장 거룩하시고 자기를 내주시는 삼위일체 하나님의 품 안에서 안전해지면, 영혼은 반드시 하나님의 본성이 그러한 것처럼 다른

---

9) 성을 묘사하고 있는 중심 구절들은 : 1궁방 1,1; 1궁방 1,3; 1궁방 1,5; 1궁방 2,8; 그리고 6궁방 10,3이다.
10) 데레사가 하나님 안에서 만물을 보는 6궁방 7,2-3을 보라.
11) Karl Rahner, *The Great Church Year*, edited by Albert Raffelt (New York: Crossroad, 1993), p. 211. 중심에 관한 그의 개념은 매우 전형적인 이미지이다. Mircea Eliade, *The History of World Religions*, Vol. 2, pp. 42-43; p. 402를 보라.

이들을 향하여 외부로 확장되어 뻗어간다.[12]

나는 여기 로드 아일랜드(Rhode Island)에 있는 우리 수도원 근처의 해변을 씻겨내는 바다의 파도를 기억한다. 물은 모래사장을 넘쳐흐르며, 심지어 파도가 가장 높을 때에는 습지대에까지 넘쳐흐른다. 하지만 곧 물은 다시 파도가 앞으로 크게 쳐 오르기까지 낮은 파도로 일면서 해안선을 유지하는 동안 조금씩 뒤로 물러간다. 오가는 파도의 움직임처럼 중심의 방을 향한 여정은 일직선이 아니다. 영혼의 바닷물이 이미 방문했던 방들로 물러가지 않듯이 우리는 결코 완전하게 어떤 한 궁방에 거하지 않는다. 이러한 유동성이 영혼을 특징짓는다. 영혼이 기본적으로 특정한 때에 특정한 장소에 거주하고 있다고 하더라도 우리는 다른 방 안팎으로 쉽게 움직일 수 있다. 데레사는 다음과 같이 현명하게 관찰한다.

자매들이여, 내가 이야기한 이 결과들이 이 경지에 있는 영혼들에게 항상 똑같다고 생각해서는 안 됩니다. [데레사는 7궁방의 특징인 자기 망각과 영적 기쁨과 같은 것들을 언급한다(7궁방 2,2-10).] 왜냐하면 때로는 우리 주께서 저런 영혼들을 자연의 상태에 버려두시는 때가 있는데, 그럴 때면 이 성의 둘레와 이 궁방들에 있는 독스러운 것들이

---

12) Hans Urs Von Balthasar in *The Trinity and the Paschal Mystery* by Ann Hunt, New Theology Series, 5 (Collegeville, MN: The Liturgical Press, 1997)을 보라.

모두 한통이 되어서 미처 손을 쓸 수 없었던 그전의 복수를 하려는 것같이 보이기 때문입니다(7궁방 4,1).

데레사는 영혼의 성이 광대하다고 주장한다. 비록 데레사가 에필로그 3절에서 "그 궁방마다의 위아래로 옆으로 많은 궁방이 있습니다. 여러분은 당신 모습을 따서 이 성을 만들어주신 위대하신 하나님을 전심전령(全心全靈)을 다하여 찬미하려 들 것입니다"라고 썼음에도 불구하고 그녀는 단지 중앙에 놓인 방을 향해 있는 7개의 주요한 궁방들에만 초점을 맞춘다. 하나님과의 친밀함을 향한 여정은 우리 인식의 한계를 넘어 우리를 인간 잠재력의 가장 완전하고 높은 영역에 이르게 한다. 심오한 통찰력을 가지고, 데레사는 그녀 안에서 세계의 중심을 발견한다. 혹은 보다 더 정확하게 말해서, 하나님께서 데레사에게 그녀 자신의 신비의 깊이를 드러내 주신다. 영혼 안에는 무수한 방을 가진 장대하면서도 신비스러운 성과 같이 계속해서 확장되는 우주가 있다.

오늘날 물리학자들의 통찰은 내적 세계와 외적 세계 사이의 연관성에 대한 데레사의 이해를 확장해 준다. 물리학자 브라이언 스윔(Brian Swimme)은 신비가들과 유사한 견해를 가지고 우주가 스스로 인간 삶의 진화를 의식하게 되는 것을 말한다. 스윔에 따르면 "우주는 인간의 깊음 안에서 경이로움에 떨고 있다." 수십 억 년이라는 시간은 지구를 생명과 인간 의식의 발달을 위한 행성으로 준비시켰다. 스윔은 진화의 과정을 우주가 스스로를 찾아가는 과정으로 이해한다. 우리 인간의 출현은 우주로 하여금 보다 더 깊은 차원으로 나아가게 했고, 그로 인해 물질적 세계는 스스로를 인간의 눈을 통해 보기 시작했다.[13] 나는 인간에 집중된 우주가 이제는 그 중심인 살아 계신 하나님, 곧 모든 존재에 에너지를 주시고 변화시키시고 영화롭게 하시는 사랑의 불꽃이신 하나님을 찾는다는 점을 덧붙이고 싶다. 자신을 찾아가는 우주는 이제 하나님을 찾아나서는 인간과 하나의 실재가 되었다.

구름을 꿰뚫고 나와 눈을 멀게 하는 태양처럼 데레사의 성이라는 이미지는 인간에 대한 근시안적인 관점을 깨고 나와 우리의 인성/신성 복합성과 인성/신성 가능성 양자를 볼 수 있는 우리 자신에 대한 비전을 향하여 나아가도록 채근한다. 기도와 삶에서의 분심들은 인간, 우주, 신성 사이의 상호관계성이 깨어지기 쉬운 인간적인 유한함 가운데서 완전함과 조화로움을 향해 스스로 작동하는 실재로서 통합되어 가는 과정의 일부분이다. 우리는 손쉽게 신적 현존이라는 짐을 짊어 나를 수도 없고, 진화하는 우주에서 우리의 몫에 해당하는 지구에 대한 개인적인 책임을 쉽게 받아들일 수도 없다. 나는 궁방에 대한 데레사의 묘사 가운데서 분심들을 특별히 데레사의 삶과 시대뿐 아니라 우리의 파편화되고 소외된 포스트모던 세계와 관련지을 수 있는 통찰을 찾게 될 것이라고 제안한다.

---

13) Brian Swimme, *The Universe Is a Green Dragon: A Cosmic Creation Story* (Santa Fe, MN: Bear & Co., 1984), p. 32 ff.

제1장

제1궁방

성의 외부에 있는 방들과 첫 궁방은 피상적인 삶을 향해 기울어지는 인간의 성향에 관한 것이다. 비록 이 첫 궁방에서 영혼이 때때로 기도할 수는 있겠지만, 하나님을 심각하게 고려하지는 않는다. 신적 자아의 중앙에 있는 방은 피상성이라는 널판으로 가려져 있다. 이러한 사람은 진정한 자아(the true self)의 바깥에서 산다. 이 궁방은 삶의 궁극적인 목적으로 세속적인 일과 쾌락을 추구하는 것-다른 이들에게 끼칠 피해를 고려하지 않고-에 과도하게 연루되어 있는 상태의 전형이다. 여기서는 야망, 무자비한 출세, 돈, 성공, 섹스와 같은 것들이 삶의 원동력을 제공한다. 그리스도 안에서 완전한 인간성으로 부르시는 하나님의 초대는 일시적인 실재들, 즉 그 자체로는 좋은 것이지만 우리가 그것에 완전히 몰두하게 될 때 우리를 파멸시킬지도 모르는 것들로 오도된다. 데레사는 그러한 기형적인 구조를 생생한 이미지로 묘사한다.

> 기도하지 않은 사람들은 마비되거나 절뚝거리는 몸을 가진 사람들과 같습니다. 비록 그들이 손과 발을 가지고 있긴 하지만 그들은 이 손과 발에 명령을 내릴 수 없습니다(1궁방 1,6).

데레사에게 있어서 치명적인 죄는 인간 기형의 전형이다. 7궁방에서 치명적인 죄에 대해 말하면서 그녀는 강한 쇠사슬에 의해 양손이 젖혀진 채 몸은 기둥에 묶여 음식의 부족 때문이 아닌, 바로 옆에 고를 수 있는 음식이 있음에도 불구하고 그 음식을 집고 먹을 수 없거나 심지어는 그렇게 하기를 혐오하기에 굶주림으로 죽어가는 사람을 그린다(7궁방 1,4).[1] 데레사에 따르면, 완전히 자신의 중심 밖에 머무는 것은 살아 있는 지옥의 삶이다. 다른 이들에 대한 냉담함(coldness)과 무관심(indifference)이 그러한 삶의 특징이다. 우리를 "자비와 사랑의 냉랭해짐으로"(1궁방 2,17) 이끄는 것은 자신을 "심각한 위험"(1궁방 1,7) 가운데 성의 변두리에 위태롭게 남겨두는 것과 같다.

나는 여기서 단테의 『신곡』에 나오는 장면 가운데 하나를 떠올리게

---

1) 심각한 죄에 빠진 영혼에 관한 다른 묘사는 1궁방 2,1-4를 보라.

된다. 베르길리우스는 단테를 지옥의 가장 깊은 곳인 코키투스의 얼어붙은 호수로 인도한다. 그곳은 심지어 좀처럼 사그라들지 않는 증오의 열기조차 움직일 수 없을 정도로 얼어붙게 만드는 차갑고 잔인한 이기주의로 내면이 채워진 사람들로 가득하다. 그들은 옷깃을 여미고 추위에 옴짝달싹하지 못할 뿐, 마음을 훈훈하게 하는 인간 가치를 거부함으로 자기비난에 빠진다.[2] C. S. 루이스가 『천국과 지옥의 이혼』(The Great Divorce)에서 회화적으로 묘사하고 있는 것처럼 구제받을 수 없고 구원받을 수도 없는 고립으로 이끄는 자기-몰두 가운데서의 최후가 그들의 것이다.[3] 루이스에게 있어서 지옥은 항상 자기 마음대로 사는 것이다. 우리는 심지어 하나님께서 우리의 고집에 관여하시는 것조차 저항한다.

1궁방에서의 분심들

자기 고집(willfulness) 및 자비를 식어버리게 하는 것은 우리 자신이 만든 지옥으로 가는 미끄러운 길을 닦는 것과 같다. 변화로 이끄시는 하나님이나 다른 이들의 삶과의 교류가 전혀 없기 때문이다. 이 첫 번째 궁방에서 분심들이란 욕망의 대상으로 향하도록 부추기는 멈추지 않는

---

2) Helen M. Luke, *Dark Wood, White Rose* (Pecos, NM: Dove Publications, 1975), p. 35.
3) C. S. Lewis, *The Great Divorce* (New York: Macmillan Co., 1946; New York: Simon & Schuster Touchstone Trade Paperback, 1996; Nashville, TN: Broadman, 1999).

실재이다. 동시에 이 분심들이 기도자의 의식적인 관심이나 주제는 아니다. 왜냐하면 이들은 기도를 거의 하지 않을 뿐더러 기도할 때에도 종종 정신(mind)이 마음(heart) 안에 있지 않기 때문이다. 사람들은 "누구와 이야기하고 있는 중인지, 혹은 누구에게 다가가고 있는지, 누구와 함께 대화하려 하고 있는지에 대한 고려와 이해 없이"[4] 기도한다. 그들에게 기도란 마음이 일시적인 현실에 너무 깊이 몰입하고 있기에 단지 형식적인 겉치레에 불과하다. "내가 누구와 말하고 있는 중인지, 무엇을 구하고 있는지, 누가 누구에게 구하고 있는 것인지 알지 못하는 기도는 아무리 입술을 많이 놀린다고 해도 기도라고 부르지 않습니다"(1궁방 1,7). 그러므로 일시적인 것들에 몰입되는 것은 참자아의 밖에서 사는 것이다. 그가 인간-하나님 관계성에 대한 인식 밖에 있기 때문이다.

우리를 피상적인 삶에 머물도록 만드는 것은 그것이 무엇이든지 간에 첫 번째 궁방의 경험이다. 다행인 것은 분심들처럼 하나님 또한 항상 현존하셔서 우리로 하여금 차가워진 자비를 뛰어넘어 하나님의 따뜻함을 향해 나아가게 하신다는 사실이다. 데레사는 이 방은 밝지만 세속적인 일에의 몰두를 상징하는 "이 야생 동물과 야수들"과 같은 것들의 방해로 인해서 그것을 즐길 수 없다고 말한다(1궁방 2,14).

우리의 영적 여정의 강렬함이 어떠하든지 간에, 누구도 첫 궁방의 경

---

[4] 『완덕의 길』 22.7. 데레사는 이 저작을 통해 기도와 삶 양자에서 하나님에 대한 착념의 중요성을 주장한다.

험 안에 있는 유혹, 즉 데레사의 표현대로라면 악마에 의해서 야기되는 유혹을 면제받을 수는 없다. 이 궁방에 있는 사람이 반드시 나쁜 상태에 있는 것이 아닐 수도 있다. 그들은 단지 "세속적인 문제에 지나치게 관여되거나 몰입된 자들"(1궁방 2,14)일 수도 있다. 우리의 분심들의 목소리에 귀 기울이는 것은 우리로 하여금 내적 자유로 이끄시는 하나님의 초대에 민감해지도록 한다.

데레사의 수녀들이 물질적인 성취의 덫으로부터는 자유로웠음에도 불구하고 그들 역시 다른 이유로 동일한 유의 분심들을 일으키는 소요들을 경험할 수 있다. 그들은 외적인 문제에 있어서 자유로울 수 있다. 그러나 "내적으로 주님을 기쁘시게 해서 우리 또한 자유롭게 되고 그분께서 우리를 자유롭게 하시도록"(1궁방 2,15) 해야 한다. 이 성에서 악마가 싸움을 걸지 않는 곳은 거의 없다. "그는 스스로를 빛의 천사로 가장해서 우리를 속일 수 있다"고 데레사는 경고한다. 하나님을 향한 우리의 갈망이 얼마나 간절한지에 관계없이, 또한 **외적인** 것들로부터 우리가 얼마나 초연한지에 관계없이 **내적** 문제들에 있어서의 유혹은 언제나 가능하다.

첫 번째 궁방의 분심들은 우리의 행동 기준에 미치지 못하는 사람들이나 우리와 다른 가치를 가지고 있는 사람들로 인해 심란해 하고 그들을 비판적으로 바라보게 하는 경솔한 열망일 수 있다. 이러한 생각들은 이웃을 향한 자비를 식어버리게 만든다. 우리는 다른 궁방들에서도 동일한 분심들을 경험할 수 있다. 그러나 그것들이 데레사가 현명하게 관찰한 대로 자비를 식혀버리도록 인도하지는 않는다. 거기서는 "파수꾼들은(내가 이전에 능력들(faculties)이라고 말했던 것으로 생각되는) 싸울 힘을 가지고 있다"(1궁방 2,15). 데레사는 왕의 호화로운 객실에서 나온 어떤 빛도 첫 번째 궁방에 이르기 어렵다고 말한다. 영혼은 우리의 집착과 내적 자유의 부재를 상징하는 뱀들과 독사들, 독성을 가진 피조물들에 매우 가까이 있다. 그로 인해 우리를 미혹하는 유혹들은 영혼에 심각한 해를 끼칠 잠재력을 갖게 된다. 자기 자신과 타인에 대한 자비를 식혀버리도록 이끄는 것은 그것이 무엇이든지 간에 심각한 문제이다.

데레사는 악마가 우리 영혼으로 하여금 악마 자신과 우리 스스로를 알 수 없도록 많은 계략과 속임수를 사용하고 있음을 우리가 깨닫기를 원하였다(1궁방 2,12). 그녀의 수녀들은 "악마가 스스로를 빛의 천사로 가장해서 속이려 했던" 선한 여성들이었다. 악마는 한 수녀로 하여금 허락 없이 고행을 해서 자신의 건강을 파괴하도록 충동질했다. 또 다른 수녀에게는 다른 자매들이 저지르는 사소한 잘못을 추적하여 중대한 잘못으로 만드는 것과 같은 열망을 주입했다. 그녀는 수녀들이 위법을 저지르는지 주의 깊게 관찰하였다가 그것을 장상들에게 알렸다. 이런 과정 가운데 그녀는 자신의 결점들은 보지 못했다. 죄로부터 인간적 한계에 이르는 우리 자신의 미지의 어둠을 다른 이들에게 투사하는 습관은 우리의 정신을 첫 번째 궁방에 매어둔다. 다른 이들에 대한 비판적인 생

각에 붙잡히는 것은 우리 자신을 거부하는 패턴들과 자기-인식의 부족을 더 깊이 바라보도록 초청한다.[5]

데레사의 과도한 고행에 대한 언급은 오늘날 우리에게 있어서 중요한 함의를 갖는다. 건강을 해칠 정도로의 과도한 고행이 우리에게 문제 되지는 않는다. 우리의 문제는 건강을 해칠 정도로 과도하게 어떤 것에 몰입하는 또 다른 극단이다. 우리는 광고들로 넘쳐나는 세상의 유혹들을 내면화하고, 이러한 것들은 강박적인 필요가 된다. 자아-중심적인 계획은 우리로 하여금 다른 이들의 권고와는 상관없이 "우리의 일"을 하도록 요구한다. 이 1궁방에서의 **자비를 식혀버리는** 생각들은 극단적으로 다른 이들의 인격 말살, 용서의 부족, 잠재적인 폭력에 빠지도록 이끈다. 그것들은 또한 우리를 우리에게 해로운 중독적인 패턴들로 이끈다. 이것은 자기-연민과 영속적인 피해의식으로 자기 소외의 벽을 지은 나르시시즘의 잠재적인 공간이다.

첫 번째 궁방에 대한 데레사의 논의에 있어서 결론적인 충고는 자신과 타인에 대한 사랑을 증진시키고 사소한 것들은 그저 사소한 것들이 되도록 하는 관점을 유지하는 데 초점을 둔다. 첫 번째 궁방의 분심들은 우리를 피상적인 것들에 묶어두고 자신의 잘못을 보지 못하도록 침입하

---

5) 제럴드 메이는 그의 저작 *Will and Spirit: A Contemplative Psychology* (San Francisco, CA: Harper & Row, 1982)에서 "악과의 조우"(Encounter with Evil)라고 제목 붙여진 통찰력 있는 장을 제시했다. pp. 265-296. 이 장에서 그는 데레사의 1궁방과 유사한 내용을 설명하고 있다.

는 분심들이다. 이 분심들은 우리의 평화를 잃게 하고 다른 이들의 평화를 방해하며 보복할 계획을 세우거나 우리 자신과 다른 이들을 용서하지 못하게 하는, 즉 **자비를 식혀버리도록** 이끄는 모든 생각들이다(1궁방 2,18).

제2장

제2궁방

두 번째 궁방은 "보다 더"의 삶으로 깨어남의 방이다. 내적인 충동이 믿음을 깨우고 하나님을 향한 의지로 나아가게 한다. "그런 사람들은 기도를 벌써 시작한 자들이지만…죄 지을 기회를 떠나지 않은" 자들이다. 이는 데레사가 지혜롭게 설명한 대로 "매우 위험스러운 것이다." 영혼이 하나님께 응답하는 만큼, 세속적인 열망과 하나님을 향한 열망은 갈등을 일으킨다. 그런 사람들은 오르락내리락 하는 경향을 가지고 있다 (2궁방 1,2과 9).

"지금 내가 말하고 싶은 이들은 벌써 기도를 시작한 이들이고, 첫째 궁방에서 주저앉아서는 안 된다는 것을 깨달은 이들입니다. 하지만 그들은 대체로 이 궁방을 떠날 결심이 아직 되어 있지 않습니다. 죄지을 기회를 떠나지 않는 까닭이지만 이것은 큰 위험입니다"(2궁방 1,2).

하지만 항상 신실하신 하나님은 흔들리는 가슴을 찾으신다.

주님이 계시는 곳으로 더욱 가까이 들어가므로 그만치 더욱 가까이 있는 이들인 것입니다. 당신의 자비와 사랑이 얼마나 크오신지! 우리가 휴가를 즐긴다, 일을 한다 하면서 제멋에 취하고 세속의 유혹에 빠지고, 더욱이 죄에 떨어졌다 일어났다 하는 동안에라도(2궁방 1,2).

심지어 이전에 세상의 욕구가 지배했기에 아무런 갈등이 없었던 정신의 영역으로 신성한 사랑의 물결이 조금씩 밀려 들어가는 순간에도 서로 충돌하는 열망들은 사람을 파도에 오르내리게 만든다. 데레사의 용법에 있어서 세속적인 일들을 의미하는 이러한 원형적인 야수들은 "너무나 위험스럽고 **소란스러워서**[저자강조] 이 위험스러운 것들 속에 살면서 해를 받지 않는다는 것은 기적 같은 일이다"(2궁방 1,2).

데레사가 우리에게 상기시키는 것처럼 그녀가 "이 주제에 관해서 다른 곳에서 상세히 말했기 때문에" 이에 관한 설명이 짧음에도 불구하고,

이 궁방에 있는 사람들은 하나님과 함께 하는 삶에 있어서 중요한 문턱에 들어서게 된다. 그녀는 『자서전』 11장과 12장에서 말한다. 그녀가 『자서전』에서 기도의 첫 번째 단계에 대해 말한 것은 두 번째 궁방에서의 투쟁에 대한 빛을 비춰 준다. 양쪽에 모두 일관되게 영적 여정에서 그리스도가 중요하다. 데레사는 우리가 "주님이 계시는 곳에" 있기를 원한다. 데레사는 "그리스도는 가장 좋은 이웃이며 그의 자비와 선함은 풍성하다"고 주장한다. "주께서는 우리가 당신을 사랑하고 당신과 함께 있고자 애쓰는 것을 끔찍이 여기시어, 때때로 우리를 부르시며 당신 가까이 오라 하십니다"(2궁방 2). 그리스도의 임재는 그리스도와의 친밀함의 새로운 지평이 열리게 될 때에 도덕적인 회심을 향한 에너지를 창조한다. 이 궁방의 사람은 죄악의 행위를 피하지 않기 때문에 그리스도가 희미하게만 보일지라도, 여전히 마음은 도덕적 회심을 향하여 이동하게 된다. 로너건에 따르면 도덕적 회심은 개인의 결정과 선택의 기준이 천천히 자기애적 자기만족과 세속적 즐거움에 탐닉하는 것에서부터 다른 이들의 이익을 고려하는 인간의 가치로 옮겨가는 것이다.

한 개인이 비진정성으로부터 자유로워진다. 그는 진정성 안에서 자라나게 된다. 해롭고 위험한 오해를 끄는 만족들은 사라져버린다. 자기 자신의 길에서 벗어나게 하는 불안과 고통 그리고 결핍의 공포들이 힘을 적게 가지게 된다. 가치들은 그들이 이전에 간과했던 곳에

서 파악된다. 선호의 척도가 변화한다.[1]

여기에서, 기도의 분심들은 바라던 것의 형상으로 다가온다. 왜냐하면 중독과 애착은 여전히 정신에 강력한 힘을 가지고 있기 때문이다. 『자서전』에서 데레사는 문제의 핵심을 파헤친다. 우리의 환상은 "우리가 하나님께 모든 것을 드리고 있다는 것인데, 반면에 진실은 우리가 하나님께 빌린 대여비 정도를 지불하거나 그분께 열매를 드리면서, 우리 자신을 위한 소유권과 뿌리를 지켜나가고 있다는 것이다"(『자서전』2,2). 이 궁방의 영혼이 갖는 투쟁은 절대적 가치를 지닌 것에 매달리는 것이 아니라 자신의 이익을 위해서 주위에 있는 것들을 조작적으로 소유하는 것에 관한 것이다. 데레사에게 있어서 이 궁방에서의 내적 자유에 대한 리트머스 테스트는 우리가 소유나 직위를 잃는 것에 대한 두려움에 대해 갖는 **불안**의 정도이다. 모든 강한 감정들과 마찬가지로 **과도한 근심**은 데레사가 우리를 위해 세워둔 목표인 사랑의 종이 되는 것으로부터 우리 마음을 흐트러뜨린다(『자서전』2,1-2).

십자가의 성 요한은 내적 자유를 향한 영혼의 투쟁을 설명한다. 그리고 투쟁의 이득에 관해 기교 있게 설명한다. "첫째 유익은 영혼이 감각적인 것들에 대한 자신의 기쁨을 거두면서 감각을 지나치게 움직였기 때문에 빠졌던 **분심**[2]에서 벗어나고 하나님 안에서 잠심을 하게 되는 것

---

1) Bernard Lonergan, SJ, *Method in Theology* (New York: Seabury Press, 1972), pp. 52, 240.

이다. 정신과 닦아진 덕들이 보존되고, 더욱 커지고 많은 것을 얻으면서 가게 된다"(『가르멜의 산길』3.26.2). 여기서 요한은 우리의 애착과 중독들의 상당 부분이 감각적 쾌락과 관련되어 있다고 설명한다. 애착과 중독은 우리가 중독되어 있는 것들이 어떤 것이든 그것을 향한 열망으로서의 내적 압력을 생성해 내고 지속적인 **분심들**을 유발한다.

『가르멜의 산길』 3.22.2에서 성 요한은 우리가 "본성적으로 선한 것들에 대한 의지의 기쁨"이라고 부르는 것들로부터 오는 해로움을 회화적으로 묘사한다. 그는 해악의 여섯 가지 원칙들을 자세히 기록한다. **첫 번째**는 헛된 영광, 억측, 자만, 이웃을 향한 경멸과 같은 것들을 포함한다. **둘째** 해악은 자기만족에 대한 감각들, 감각적 즐거움과 정욕을 유발하는 모든 것들이다. **셋째** 해악의 종류는 아첨과 헛된 칭찬을 유도하는 것이다. **네 번째** 종류는 일반적으로 이성과 영의 판단이 아주 어리석게 되기 때문에 생겨나는 것들이다. **다섯 번째**는 창조물들로 마음의 **분심**을 일으키는 것이다. **여섯 번째**는 영혼이 하나님의 것들을 극단적으로 싫어할 정도로 하나님의 것들에 대한 극단적인 권태와 슬픔을 가지게 하는 것이다. 결론적으로 영혼은 죄를 지을 기회를 맞게 될 때 그것이 지닌 힘 가운데 머물기보다 감각이 지닌 나약함 가운데 거하게 된다. 심지어 영혼이 어떤 해로운 것을 인지하지 못할 때에도 **분심**은 최소한

---

2) 십자가의 요한의 글에 나오는 분심이나 그의 분심에 대한 설명을 할 때 분심이라는 글자를 굵은 글씨로 표현한 것은 이 책의 저자인 빌마가 강조하기 위하여 한 것이다(역자 주).

비밀스럽게 유발된다.

열망은 늘 관계적인 에너지이다. 이는 충분히 소유하지 못한 혹은 아직 소유하지 못한 사물이나 사람을 향한다. 위에서 요한은 우리가 사람과 사물에 절대적 가치를 부여하도록 유혹하는 열망의 어둔 측면에 대하여 서술한다. 우리는 본래 하나님을 위한 공간인 텅 빈 곳을 채우기 위해 그 사람들과 사물들을 바라본다. 우리가 창조된 실재들에게 신적 특권을 찬탈하도록 하는 불가능한 과업을 맡기면, 그것들은 우리들을 요한이 위에서 언급한 죄라고 불리는 인간성의 왜곡으로 이끌며 반역을 일으킨다. 데레사에게 있어서 유혹에 대한 치료책은 기도이다; "이 성의 입구는 기도이다"(2궁방, 2). 기도를 통하여 인간의 연약함은 하나님께 다가가는 확실한 통로가 된다. 나약함을 포함한 인간의 모든 것은 상처 입으셨고 죽으셨고 다시 사신 그리스도를 통하여 하나님 안에 신비롭게 머물게 된다. 죄악이 관영한 곳에 그리스도는 보다 온전히 임하신다. 이 주제에 관하여 후에 다른 궁방들에서 다시 언급하려 한다.

그리스도 안에서 하나님은 우리의 가장 깊은 필요에 가까이 하신다. 기도 가운데서 생명을 주시는 그리스도의 영은 마음의 어두운 면을 비춰 주신다. 예수의 영은 우리의 기도를 뚫고 들어오는 우리 의식에서 항상 존재하는 흐름의 일부인 이미지들과 생각들, 그리고 감정들을 비추어 마음의 회심이 필요한 구체적인 내용들을 드러내신다. 정신을 분산시키는 생각들과 잘못 인도된 마음의 열망들이 하나님 앞에서 공격받기 쉽게 될 때에 그것들은 하나님의 변화시키는 사랑에 대한 투명성으로 작용하고 마음의 회심을 이끈다. 여기에서 반복적으로 일어나는 생각들과 감정들은 하나님과 보다 깊은 사랑에 빠지게 하는 내적 자유로 회심하도록 하나님 말씀의 역할을 한다. 데레사는 단순한 거둠의 방법을 제시함으로 2궁방에 대한 그녀의 논의를 마무리한다.

> 보십시오. 자기 안으로 들어감 없이, 즉 자아 인식 없이, 우리의 비참함과 아울러 주께 받은 바를 생각하여 자비하심을 열심히 구함도 없이 천국만 가겠다고 생각하는 것은 어리석은 짓입니다(2궁방 1,11).[3]

그리스도는 데레사의 기도의 방법 중심에 계신다.

> 그렇다면 우리가 주님을 한 번도 보지 않고 그 은혜를, 그리고 우리를 위하여 당하신 그 죽음을 생각지도 않으면서 어떻게 주님을 알며 섬기는 일을 할 수 있겠습니까? 섬기는 일이 없는 신앙, 우리의 선이신 예수 그리스도의 공덕과 아무런 관련이 없는 일들이 무슨 가치가 있겠습니까? 생각이 없는 우리 자신을 누가 깨우쳐서 주님을

---

3) 『자서전』2장을 보라. 여기서 데레사는 기도의 첫 번째 단계를 영혼의 정원에 물을 주는 네 가지 방법에 관한 이미지를 통해 묘사한다.

사랑하도록 해주겠습니까?(2궁방 1,11)

버나드 로너건은 도덕적 회심에서 가치와 만족이 대립될 때에, 사람들이 진정한 선, 만족에 우선하여 가치를 선택하기를 배울 때에 이 단계에 있는 사람들은 다른 이들로부터 배울 준비가 되어 있어야 한다고 제안한다.[4] 데레사도 이와 일치한다. 나쁜 동료들로부터 돌아서기 위하여 그녀는 우리에게 "지금 있는 궁방의 그들뿐만 아니라 궁의 중심에 보다 근접해 있는 이들을 가까이 하십시오. 이들과의 대화는 큰 도움이 될 뿐만 아니라 그를 변화시켜 그들이 있는 곳으로 이끌게 될 것입니다"(2궁방 1,6)라고 조언한다. 좋은 영적 안내가 이 궁방에서 필수적이다. 심리적 치료, 12단계 프로그램 그리고 다른 부가적인 치료들은 정신(psyche)에 깊이 뿌리 내려서 마음(mind)에 폐해와 감정들에 혼란을 초래하는 잘못된 열망으로부터 통찰력과 자유를 향하여 나아가도록 이끌 수 있다. 겸손, 기도 그리고 우리의 자유롭지 않음을 직면하는 고통을 부둥켜안고 살고자 하는 의지는 이 시점에서 중요하다. 데레사가 현명하게 언급한 대로 "우리는 십자가의 그것보다 더 좋은 무기를 가지지 못한다"(2궁방 1,6).

2궁방에서, "보다 더"한 삶을 향하여 깨어난 열망은 고통으로부터 갑자기 탈출하는 것이 아니다. 만약 단순히 고통으로부터 자유롭기 위해

---

4) Bernard Lonergan, op. cit., p. 140.

우리의 다양한 중독, 집착들 그리고 자기 몰두의 지옥들로부터 탈출하기를 구한다면 우리는 필연적으로 난관에 봉착하게 될 것이다. 우리는 여기에서 다른 종류의 고통을, 즉 우리를 정화시키고 강화하는 그리스도와 연합하는 고통을 받아들임으로써만 이 궁방에서 나올 수 있다. 의미 없는 고통이 한 사람으로 하여금 치료에 나아오게 할 수 있다. 하지만 도덕적 회심을 다루지 않는다면, 그것은 피상적인 수준에서만 치료가 발생하는 것이며 진정한 내적 치유는 일어나지 않을 것이다. 치유가 필요한 문제들은 그 스스로를 다시 드러낼 것이다. 여기에서 경험되는 기도의 대부분의 분심들은 아마도 우리를 다시 퇴보하도록 유혹하는, 우리가 자유롭지 못한 구체적인 영역들로부터 올 것이다. 한 개인의 생각이 열망의 대상인 사람이나 사물 주위로 강박적으로 초점을 두게 되는 것, 즉 중독 또는 심취의 경험은 바로 둘째 궁방의 경험들이다. 데레사가 말하듯이 여기에서 영혼은 일어섰다가 넘어지기를 되풀이하는 경향을 띤다. 그래서 그녀는 하나님을 위하여 **결심**할 필요를 자주 반복하여 말한다. 또한 우리가 애를 써서 그 **결심**을 따르도록 스스로를 준비시키고 우리의 의지를 하나님의 의지와 일치되게 하고자 가능한 모든 노력을 기울일 것을 말한다(2궁방 1,8).[5]

오늘날 빛과 어둠이 우리를 에워싸고 있다. 우리는 포스트모던 세상의 문턱에 머물고 있고, 이미 새천년에 진입해 있는 우리 자신을 발견한

---

5) 데레사의 『자서전』 11장의 결심에 관한 빈번한 언급들을 참조하라.

다. 우리는 급격한 문화적 변화를 경험하고 있고 문화들과 하부문화들이 출생하는 것을 목격하고 있다. 독일 사회학자 게르하르드 슐츠(Gerhard Schulze)는 독일의 문화를 우리 모두에게 동일하게 적용될 수 있는 방식으로 조망한다. 그는 "매일의 삶에 있어서의 미적 아름다움"에 최우선성이 부여된다고 말한다. 일상의 것들(옷, 오락, 차, 여가)은 감각적 즐거움을 야기시키기 위해서 모든 것을 모험이라는 특성으로 포장해 제시하는 방식으로 조직되어 있다. 다른 한편으로 이러한 발달 이면에는 삶에 대한 어떤 감각, 즉 강력하게 개인주의적인 삶에 대한 감각이 놓여 있다. 다시 말해서 스스로가 다른 사람들과 마주하게 되었을 때, "속박 없는 관계"라는 모토에 따라 행동함으로써 안전감을 유지 하려는 경향이 놓여 있다. 즉각적인 경험, 이미지와 감각은 이제 거의 "세속 종교"가 되기에 이르렀다.

광고는 분심의 강력한 원천이 될 수 있다. 우리는 텔레비전 혹은 훨씬 더 설득력이 있는 인터넷을 통해 광고를 본다. 그러면 즉시 그 대상을 향한 욕망이 우리를 사로잡는다. 우리에게는 그것이 필요하지 않을 수 있고, 그것을 구입할 여유가 없을 수도 있다. 그러나 그것은 계속 우리의 의식 속으로 파고들어 온다. "나를 구입하라. 나를 구입하라." 우리 모두는 이러저러한 방식으로 포스트모던적인 세상에 의해 영향을 받는다. 우리가 살아가고 하나님을 향한 자유에 이르는 데 있어서 우리만의 독특한 어려움을 만들어내는 것이 바로 이 시대이다.

우리는 진공 속에 살지 않는다. 예수 그리스도 안에서 육화된 하나님의 의미와 약속은 각각의 시대를 형성해간 인간의 상황을 통해 하나님께서 일하신다는 것이다. 하나님은 마음을 산란하게 하는 감각의 유혹과의 투쟁을 통해 필요한 만큼의 도덕적 회심과 내적 자유에 이르도록 영혼을 이끄실 것이다. 도덕적 회심은 하나님께서 영혼의 깊이에서 하나님 자신을 계시하시는 과정을 통해 인간 욕망을 교육 시켜 세상적인 가치에 대한 욕망과 하나님을 향한 열망이 서로 갈등하지 않게 되도록 하는 길고 긴 과정이 시작될 수 있도록 한다. 이 궁방에서의 분심들은 방탕한 삶으로부터 도덕적인 회심이 필요하다는 점을 환기시켜 준다(2궁방 1,9). 데레사는 자기-지식을 깊게 하고 그리스도를 위한 사랑을 일깨우는 기도와 반추적인 삶이 필요하다는 것과 더불어 좋은 영적 안내의 중요성을 상기시키며 이 궁방에 대한 그녀의 토의를 결론짓는다(2궁방 1,10-11). 그런 훈련들은, 지속되는 내적 갈등에도 불구하고 영혼이 과감히 3궁방으로 나아갈 수 있도록 준비시킨다.

제3장

제3궁방

3궁방에 있는 사람은 일정 기간 동안 죄로부터 멀리 돌아서고 하나님을 기쁘시게 하는 삶을 살도록 노력하고 있다. 그들은 도덕적 회심과 덕의 실천을 통해 그들의 삶을 교정해 왔기 때문에 이미 목적지에 도달했다고 생각하는 경향이 있다. 그리고 자기만족적인 편안함이 쉽게 자리 잡게 된다. 그 같은 사람에 대한 다양한 묘사는 우리가 3궁방을 잠재적인 자아 부풀림의 영역으로 보도록 이끈다. 이러한 유혹을 인식했기에 데레사는 이 3궁방에 대한 그녀의 기술을 잘못된 안전에 대항하는 길고 설득력 있는 설명으로 시작한다. 이 3궁방은 영적 열정의 시간이 될 수 있다. 그러나 이것이 여정의 마지막은 아니다. 데레사는 그녀의 딸들에게 간곡히 권한다. "들어가십시오, 따님들이여. 자기 안으로 깊이 들어가십시오. 내적 방으로 들어가십시오. 자질구레한 여러분의 일들에 집착하지 마십시오"(3궁방 1,6). 그녀가 독자들에게 겸손하고 간곡하게 타이를 때, 기도 안에서 작은 메마름을 문제 삼는 사람들에 대한 그녀의 격분을 느낄 수 있다(2궁방 1,7과 3궁방 1,9).

이 3궁방은 "많은 덕으로 이곳에 다다른 사람들이 세상에 많다"는 면에서 중요하다(3궁방 1,5). 데레사는 말한다.

> 그런 이들은 애써 하나님을 거스르려 아니하고 소죄마저 피하며 즐겨 고행을 하는가 하면, 마음 거두는 일이며 시간을 알차게 보내고 남을 사랑하는 일에 열중합니다. 그들은 말하는 것, 옷 입는 것에 빈틈이 없고, 가정을 가졌으면 집안을 잘 다스리는 사람들입니다(3궁방 1,5).

이것은 칭찬할 만하게 들리지만 3궁방의 문제는 "보다 덜한 것에 정착하는 것"(settling in for less)으로 가장 잘 묘사된다. 사람들은 쉽게 자기만족에 빠지고 기분 좋아해 하지만 그 결과로 더 깊은 실재에 대해서 문을 닫아버린다. 하나님을 포함하여 모든 것이 잘 정돈되고 통제되고 있다. 그러나 이 거짓 안정의 방을 위협하는 새로운 생각, 즉 하나님 안에서의 더 완전하고 깊은 삶으로 이끄는 새로운 개념은 차단된 것이다. 자신의 수녀들에게 데레사는 이런 방법으로 묘사한다. "어쩌면 이런 생각을 하는지도 모르겠습니다. 우리는 수도복을 입었고 그것도 우리가 자진해서 그랬고 이 세상의 모든 것, 즉 우리가 지니고 있던 모든 것을 주님을 위해서 버렸습니다"(2궁방 1, 8). 우리가 보다 덜한 것에 정착했을 때, 사물을 보는 한 사람의 관점을 넘어서는 것은 그 어떤 것이든 우리를 위협하는 것처럼 보인다. 왜냐하면 그것은 실재에 대한 변화된 시야로 뻗어가도록 우리를 끌어들이기 때문이다. 새로운 성경적, 신학적 통찰이 종종 이 3궁방 안에서 냉대를 받는다. 이 궁방에서 사람들은 단 한 가지 방법으로만 사물을 보는 **자신들의 방식**에 고착되는 경향이 있다. 사물을 다른 방식으로 바라보는 개방성이 없이, 완고한 보수적 관점 **또는**(or) 완고한 진보의 관점 어느 것 하나에만 고착되는 것이 3궁방의 분심들과의 투쟁이다.[1]

보통 3궁방의 분심들은 다른 사람들과 그들의 실패, 실제적이든 상상된 것이든 우리의 기대를 충족시키려는 것들과 관련이 있다. 비판적 생각과 다른 사람들을 비하하는 것, 자기 자신을 비하하는 것이 3궁방의 분심들이다. 많은 영향들이 우리의 가치와 우리가 소중히 여기는 것들을 형성한다. 여기에서 중요한 것은 우리에게 가치를 가지지 말라는 것이 아니라, 비록 우리가 자신이 가진 가치를 확신 있게 붙잡을지라도 다른 사람이 가지고 있는 가치들을 이해하고자 개방적인 마음을 가지라는

---

[1] 나는 훌륭한 예전 감각을 가진 아주 좋은 사제 한 사람이 성무일도가 아닌 미사책의 성구를 읽은 사람에게 매우 격한 반응을 보이고 몇 주간에 걸쳐 그 문제로 화를 내는 것을 보고 의아스러워했던 적이 있다.

것이다. 유감스럽게도 데레사가 지적하는 것처럼, 우리의 완벽하고 균형 잡힌 자아와 신념은 필연적으로 부족한 다른 사람들을 판단하는 기준이 되기 마련이다. 데레사는 현명하게 충고한다. "남의 잘못일랑 그만두고 우리 잘못이나 똑똑히 봅시다. 짜여진 규칙 안에서 사는 사람들이 대개는 남의 일에 놀라기가 일쑤입니다만, 때로는 우리가 놀라는 그 사람들한테서 도리어 근본적인 무엇을 배울 때가 있습니다. 3궁방에서 가장 부족한 것은 겸손입니다"(3궁방 2,13).

아마도 경험으로부터 데레사는 그 같은 사람들에게 충고를 주는 것이 아무 쓸모가 없다는 것을 알았다. 왜냐하면 그들은 오랫동안 덕을 실천해온 자신이 다른 사람들을 가르칠 수 있다고 생각하기 때문이다. 하나님이 작은 일로 시련을 주시면, 그 시련을 못 견디는 것조차 충분한 이유가 있다고 보는 것이다(3궁방 2,1). 기도 안에서 메마름은 모욕이 되고 삶의 재난은 지나친 혼란과 고통을 야기시킨다(3궁방 2,1-2). 데레사는 작은 재정적 손실을 가지고 마치 먹을 만한 빵 한 덩이 남지 않은 것처럼 걱정하는 넘치는 부를 소유한 자에 대하여 말한다(3궁방 2,4). 손실에 대한 두려움에 집중하는 불안한 분심들, 특히 그것이 작은 재정적 손실, 약간의 명예의 실추, 건강 약화, 그리고 잠시 잠깐 동안 하나님 안에서의 행복과 기쁨의 손실과 같은 그리 큰 문제가 아닌 분심들이 3궁방을 특징짓는다(3궁방 2,4와 5와 8과 9). 이 궁방의 유혹은 자기 의(self-righteousness)에서 비롯된 감정들에 의해서 북돋아진 부정적 성향들을 계속해서 즐기게끔 하는 것이다.

더 나아가 데레사가 설명하는 다소 자기도취적이고 판단적인 태도에 상응하는 개인의 하나님에 대한 이미지는 엄격하고 투사(projection), 전치(변위, displacement), 이상화(idealization), 자기 비하(self-devaluation)의 혼란을 갖는 경향이 있다. 투사 안에서 한 사람의 생각은 하나님의 생각이 된다; **하나님은** "내가 하는 방식으로 생각하신다." 반면에 데레사는 우리가 진실로 하나님의 뜻에 주의를 기울이길 원한다(3궁방 2,6). 전치 안에서, 하나님은 화내거나 거절하는 부모님이 되거나 자신이 경험한 어떤 다른 사람이 된다. 하나님이 그들을 어떤 작은 일로 시험하실 때, 그들은 혼란에 빠지고 괴로워한다(3궁방 2,1). 이상화된 하나님은 기도 안에서 메마름 같은 나쁜 일이 우리에게 일어나도록 허락하시지 않는 안기고 싶은 신이다(3궁방 1,7). 우리가 하나님께 자기 비하를 투사시켰을 때 하나님의 사랑을 믿는 것은 불가능하게 된다. 왜냐하면 우리는 우리 자신의 눈에 너무 가증스럽기 때문이다. 데레사가 이렇게 표현하듯이, 사람들은 그들의 감정을 겸손을 위해 이롭게 사용되게 하는 대신에 비참함의 감정을 시성한다(3궁방 2,2와 3).

아나-마리아 리쭈또(Ana-Maria Rizzuto)는 그녀의 책 『살아 있는 하나님의 탄생』(The Birth of the Living God)에서 이 역동에 대해 기록했다.[2] 그

---

2) Ana-Maria Rizzuto, M.D., The Birth of the Living God: A Psychoanalytic Study (Chicago, IL: University of Chicago Press, 1981).

녀는 정신생활에서 신 형상화의 기원과 진화, 중요성의 포괄적인 이론을 통합하려고 시도했다. 그녀의 연구는 경험과 환상을 통해 신 형상을 창조해 내는 어린이들의 독창성을 드러낸다. 하나님은 마치 변하는 대상처럼 부모님의 특징들로 가득 채워져 있다. 리쭈또는 아이가 교회나 회당에 처음 들어갈 때, 이미 그들의 품안에 그들의 애완용 신을 가지고 있다고 말한다. 아이들에게 종교적 가르침을 주는 사람들은 이 애완용 신이 무엇처럼 보이는지 알아내는 것이 중요하다.

하나님에 대한 이미지는 우리 자신에 대해서 말한다. 리쭈또는 어떻게 그 같은 이미지가 정신적(psychic) 경험으로부터 발달하는지 묘사한다. 그녀의 연구에서 하나님에 대한 설문 대상자들이 그린 그림은 다음과 같은 타이틀들을 가지고 있다. 하나님, **수수께끼 같은 분**; 하나님, **나의 적**. 사례를 통해 그녀는 이 이미지들을 부모님과 가족의 관계의 투사와 동일시한다. 하나님의 투사는 삶의 태도를 반영한다. "하나님, **나의 적**"이라는 제목으로 그림을 그린 여자는 어린 시절로부터 모든 사람이 그녀를 싫어하는 것처럼 느꼈다. 그녀의 어린 시절 경험의 비극과 상처를 고려해 볼 때, 우리는 그녀가 그렇게 생각할 충분한 이유가 있음을 본다.

3궁방은 한 개인의 하나님에 대한 이미지 탐구로 초대한다. 그것들은 우리를 즉각성의 세계를 넘어서서-우리가 특별히 기도에서 좋은 감정에 머물며 자기만족을 누리는 감각의 만족을 넘어서서 감각 정보에의 과도한 의존을 넘어서서, 우리 신념의 과도한 안전을 넘어서서-더 깊은 의미로 중재되는 세계로 초대한다. 하나님은 우리를 버나드 로너건이 지적 회심이라고 부르는 곳으로 초대하신다. 3궁방은 복음의 가치에 의해 알려진 의미의 더 깊은 수준에 이르는 문을 여는 지적 회심을 통해 겸손으로 우리를 초대한다. 자기 초월이 우리를 하나님의 신비와 삶의 모호성으로 더 나아가게 이끌어 우리가 다른 궁방으로의 초대에 만일 응답하려면 그 같은 회심이 필요하다. 우리 인격은 하나님께 열려져 있는 것이고 가장 중요한 문제에 열려져 있는 것이다. 우리는 지적 회심을 통하여 더 깊은 실재, 로너건이 말하는 종교적 회심, 즉 사랑에 빠지는 단계로 이끌림을 받는다. 즉 우리의 정체성의 근거로서 세상적인 성공과 피상적인 종교를 넘어서도록 이끌림을 받는 것이며, 지적 회심을 통해 더 깊은 실재로까지 이끌림을 받는다.[3]

  3궁방에서 은혜는 환상에서 깨어나는 것과 기도 안에서의 메마름을 통해 역사한다. 여기에서는 **환상에서의 깨어남이 은혜이다.** 이것은 우리를 감각적이며 이성적이고 즉각적인 것을 넘어서서 관상적 이해로 초대한다. 관상기도에서, 이성으로 닫힌 문을 여시는 **하나님은** 영혼으로 하여금 이성적 마음이 꿰뚫어 보는 것보다 훨씬 더 깊은 영역을 꿰뚫어 보도록 초청하신다. 거짓 자아의 환영, 과장, 그것의 방어에서 벗겨진 자아는 "영혼이 하나님 자신 안에서 하나님께 자신을 드리는"(『사랑의 산

---

3) Lonergan, *Method in Theology*, p. 240.

불꽃」3.78) 장소로 여행할 준비가 더 되어진다. 이 마음 내부의 와인 저장실에서 마르다와 마리아는 하나님을 섬기는 데 함께 일치된다(7궁방 4,12).

데레사가 계속해서 확언하는바, 이 3궁방에서 중요한 것은 자아 지식의 성장이다. 이 궁방에서 씨름하는 문제에 대한 그녀의 묘사는 자기애적으로 상처 입은 인격을 포함하는 것으로서 오늘날 우리가 문제로 인식하는 것들과 비슷하게 들린다. 만약 인간이 원죄에 의하여 그늘진 허약하고 제한된 존재라는 것을 인정한다면, 우리 중 어느 누구도 자신이 최소한 자기애로 얼룩진 존재라는 데에서 벗어날 수 없을 것이다. 무르익은 자기애는 진정한 관계맺음과 진정한 인간성을 향한 개인의 가능성을 가로막는다. 3궁방을 특징짓는 분심들은, 데레사가 그것들을 묘사하는 것처럼 모든 것이 어떤 자기애적 그물을 반영하고 있다. 그녀는 우리가 세상의 미망으로부터 환하게 깨어난 누군가를 찾아야 한다고 충고한다(3궁방 2,12).

오늘날 이 3궁방에 있는 사람들은 적당한 심리요법으로 이득을 얻을 수 있을 것이다. 이것은 그들이 하나님과의 관계를 포함하여 다른 사람과의 친밀한 관계를 위해 요구되는 내적 자유를 향해 가는 데 도움을 줄 수 있다. 작은 분량의 자기애조차도 친밀함을 향한 인간의 가능성을 축소시킬 수 있다. 심리요법이나 영적 지도는 관계맺음에 저항하는 방어를 의식의 차원으로 가져오는 데 도움이 되게끔 서로를 보완한다. 그 같은 도움으로 우리는 우리의 생각, 이미지, 태도에 의해서 비롯된 피할 수 없는 우리 몸의 감정과 마음 안에서 일어나는 분심과 접촉하고 그것에 주의를 기울이고 주목하는 것을 배울 수 있다. 몸은 우리의 감정을 통해 이것들에게 목소리를 부여한다. 우리가 우리의 몸과 몸 안의 감정의 메시지를 듣는 것은 우리로 하여금 그것들을 되도록 부인하게끔 만들 수도 있지만, 분심들의 의미와 그것들을 통한 회심과 변화로의 초대는 명백해질 수 있다.

감정에 주목하는 것은 자기 지식에 강력한 가르침을 제공하는데, 이것은 만약에 우리가 4궁방으로의 하나님의 초대에 응답하기를 원한다면 필수적인 준비가 된다고 데레사는 말한다. 감정을 파악하기 위해 몸의 변화를 알아차리는 법을 배우는 것은 자기 비난 혹은 자기 비판 없이도 가능하다.[4] 각 분심은 그에 상응하는 감정을 창조한다. 감정들 자체가 분심의 또 하나의 형태이다. 강렬한 감정은 마음을 어둡게 해서 이성적인 생각이 어렵거나 불가능하도록 만들어 버린다. 아마도 대신 감정을 촉발시킨 것과 연결된 비이성적인 잡념들이 지배하게 될 것이다. 극심한 경우에 이것은 정신적인 병이 된다.

다른 고전처럼 『영혼의 성』은 이 책으로 자주 돌아오는 사람들에게 자신을 완전히 개방한다. 한 번 읽는 것으로는 책의 의미의 완전한 깊이

---

4) 유진 젠드린(Eugene Gendlin) 박사는 사람들로 하여금 육체에 구체적으로 나타나는 개인적인 문제들을 규정하고 변화시키도록 방법을 가르치는 중요한 자기-치유 기술을 제안한다. 다음의 작품을 보라: *Focusing* (New York: Bantam Books, revised edition, 1981).

가 거의 드러나지 않는다. 내가 궁방들에 대한 데레사의 설명을 읽고 또 읽을 때, 그녀의 통찰력이 점점 증가하여 그것이 영적 성장을 위한 중요한 것들로 드러난다. 비록 사랑이 점점 증가하여 이성을 압도하고 사랑이 순종의 지혜를 가르칠 때 분심들이 우리를 붙잡는 힘이 점점 줄어들지만, 3궁방의 분심들은 전 삶을 통해 우리를 괴롭힐 수 있다(3궁방 2,7). 3궁방의 사람들에게 너무 필수적인 겸손 안에서의 성장은 또한 평생의 과정이다. 건강에 대한 걱정(3궁방 2,8), 자기 자신의 뜻에 대한 집착, 세상의 것들에 대한 환영, 고통을 당하는 데 있어서 꿋꿋함의 부족(3궁방 2,12), 특별히 다른 사람의 잘못은 제쳐놓고 자기 자신의 잘못을 바라보면서 겪는 어려움(3궁방 2,13)은 궁극적으로 하나님의 사역이다. 3궁방에서의 분심이 4궁방의 분심과 다른 점은 기도 안에서 분심을 듣고 다룰 필요가 있다는 것이다. 하나님이 그것들을 통해 우리를 마음의 좀 더 깊은 회심으로, 하나님과 타인과의 관계 안에서 덜 자기중심적인 사랑으로의 초대로서 말씀하시기 때문이다.

3궁방의 분심은 우리가 하나님과의 관계에 있어서 아직 끝나지 않았음을 상기시켜 준다. 동시에, 우리의 영적 여정의 좀 더 성숙한 단계에서 분심의 침투는 우리들로 하여금 퇴보하고 있다고 느끼게 만들 수도 있다. 실상 하나님이 이미 일어나고 있는 과정들 가운데 은혜와 성장을 통합해 가고 계심에도 불구하고 말이다. 3궁방의 분심들이 제공하는 통찰력은 더 큰 지적 정직성을 가지고 들어야 한다. 우리는 더 깊은 사랑과 더 깊은 내적 자유의 관점으로, 또한 하나님 앞에서 하나님을 기쁘시게 못하는 모든 것들에 대한 더 깊은 민감함으로 분심들을 다룰 수 있다. 자신이 여전히 불완전하다는 것을 보는 고통은 더 깊은 겸손과 하나님의 자비로운 사랑에 복종하는 기회를 제공한다. 이것은 3궁방의 자기 의를 주장하며 부인하는 모습의 특징과는 다른 반응이다. 3궁방에서는, 너무 좁은 하나님 개념과 이에 따른 자아의 개념이 4궁방으로 가는 데 필수적인 하나님에 대한 자기 항복으로 영혼의 능력을 축소시킨다. 또한 자기를 주는 사랑으로 타인을 향하게 되는 개인의 능력을 축소시킨다.

영적 지도자는 3궁방에 있는 사람과 3궁방의 분심에 시달리고 있는 사람의 차이점을 구분할 수 있다. 그 분심은 지적-정직함이 무르익은 기도자의 기도와 삶에서 다시금 나타나 그것을 통해 인식되고 자신의 것으로 인정된다. 겸손 안에서의 성장은 다른 궁방들로의 더 깊은 여정을 이끈다. 이것은 사람이 자신의 어두운 면을 인식하고 수용하며 심지어 그것과 친구가 되는 것을 의미한다. 우리 안의 죄가 부인되지 않고도, 그 드러남을 통하여 우리가 하나님과 상반됨을 보게 되는 그 자리에서 또한 하나님의 돌보심의 임재를 발견하게 됨으로 그것이 용납되는 것이다. 하나님은 우리의 어둠 가운데 현존하신다. 여기에서는 하나님께 속하지 않은 것이 하나님의 정화하시는 불에 붙들려 정화되고, 하나님 안에서 받아들여짐이 창출하는 겸손과 신뢰, 확신을 통해 하나님과 같이 변하여 간다.

우리의 어둠에 대하여 삶의 변화를 일으키시는 하나님의 친밀한 현존에 관하여서는 6궁방에서 길게 다루게 될 것이다. 우리가 4궁방에 대한 숙고를 시작할 때 성을 통과하는 우리의 여정이 선형적 움직임이 아니라는 데레사의 주장을 다시 생각해야 한다. 비록 우리의 더 깊은 자아가 내면으로의 여정을 계속한다고 하지만 우리는 성의 수많은 방을 들락날락하며 움직이고 있다.

제4장

제4궁방

　　4궁방은 통제함을 내려놓는 것과 승복함을 배우는 것이 그 특징이다. 우리의 기도 안에서 하나님은 우리의 생각을 넘어서서, 단지 이성적인 차원을 넘어서서 더 깊은 사랑과 더 폭넓은 승복의 삶으로 우리를 초대하신다(4궁방 1,6). 우리가 왕이 거하는 곳, 중심부의 방으로 더 가까이 갈 때 데레사가 설명하기 어렵다고 말하는(4궁방 1,1)-초자연적 경험이라고 부르는-경험이 바로 여기에서 시작된다. 모든 기도가 하나님의 주도 아래서 이루어지는 것을 인정하지만 4궁방은 대화로서의 기도에 있어서 하나님 부분에 집중한다. 여기에서 기도는 생각(mind)이 파악할 수 있는 차원보다 더 깊은 수준에서 발생한다. 우리의 정신(psyche)은-전통적인 언어로 영혼의 능력들-관상기도라고 부르는 하나님의 독특한 주입을 받아들이기 위해서 훈련되어지는 과정으로 들어간다. 하나님과 우리의 관계의 역동을 구성하는 믿음과 소망과 사랑을 통해 하나님이 영혼을 내적 고요로 끌어당기실 때, 하나님은 우리의 너무나 좁은 하나님과 자아에 대한 이해를 정화시키신다. 처음에는 그 결과가 다소 내적 혼돈처럼 느껴질 수 있다. 데레사는, "우리 자신을 모르기 때문에 고생만 실컷 하게 되어 좋은 것도 나쁜 양 크나큰 잘못으로 간주합니다"라고 말하며 비통해 한다(4궁방 1,9). 우리는 아직 영의 세계에서 편안하지 않기에 정신적(mind) 혼돈은 매우 큰 고통을 야기한다. 이미 앞에서 데레사가 우리에게 상기시킨 바와 같이:

> 보십시오. 삽시간에 전속력을 내어서 옮겨지는 천체의 움직임을 우리 힘으로 걷잡지 못하는 것처럼, 우리의 상상을 멈추게 할 힘도 없습니다. 그래서인지 우리 영혼의 모든 능력이 상상과 함께 옮겨지는 줄로 여겨서 하나님 앞에서 보내는 시간이 잘못 쓰였다, 허사가 되었다 하고 생각합니다. 하지만 상상이 궁성 밖에서 갖은 맹수와 독충에 시달리면서 그 시달림으로 공로를 쌓아가는 동안, 영혼은 보다 높은 궁방에서 주님과 아기자기하게 지내는지도 모를 일입니다. 그러기에 함부로 마음을 어지럽히거나 기도를 놓아버리거나 해서는 안 됩니다. 이것이야말로 악마가 노리는 바입니다(4궁방 1,9).

왜냐하면 이 기도는 "마치 흐르는 샘물과 같기 때문입니다. 이 기도 안에서 물은 수도관을 거쳐서 나오지 않습니다. 영혼은 자신이 원하는 것을 이해하지 못한다는 깨달음 속에서 자신을 억누르거나 억눌림을 당하게 됩니다. 따라서 정신은 안절부절 못하는 바보처럼 허둥지둥하게 됩니다"(4궁방 3,8). 동시에 데레사가 묘사하는 것처럼 그녀의 머리 안에 있는 어떤 소란들도 기도를 방해할 수는 없다(4궁방 1,10). 그보다 "영혼은 완전하게 고요와 사랑과 희망과 맑은 인식 안에 있게 된다." 하나님은 우리의 기도에서 우리의 이성이 파악할 수 있는 것보다 깊은 차원에서 더 능동적으로 역사하신다. 이것은 소란을 창조하는데, 왜냐하면 데레사가 말한 것처럼 "생각(mind)은 성의 변두리에 있기" 때문이다. 생각(mind)의 수준에서, 하나님의 얼굴은 자주 하나님이 **어떤 분이신지에** 대한 우리의 생각(mind)이 투사되고, **어떻게** 하나님이 우리의 주도(our initiatives)에 반응하셔야 하는가에 대한 기대로 뒤덮인다. 파악할 수 없는 신비의 하나님은 영혼으로 하여금 하나님에 대한 기존 관념을 포기하고, 이제 겨우 희미하게 인식된 임재의 어두운 고요 안에서 쉬도록 초대하신다. 기도 안에서 일어나는 것을 통제하려는 우리의 필요는 정화되고 또한 승복으로 이끌림을 받는다. 이 전환의 시기에 "잡념이 있다고 마음을 어지럽혀서는 좋지 않은 일, … 잠자코 하나님을 위해서 참을 도리밖에 없습니다"(4궁방 1,11).

어떤 새로운 것이 하나님과 우리의 관계 안에서 일어나고 있다. 하나님은 우리의 기도 안에서 사랑의 지식의 조용한 주입을 통해 특별한 주도권을 취하신다. 그러나 우리의 정신(생각, mind)은 아직 하나님을 향해 준비되지 않았기 때문에 침묵 안에서 일어나는 대화에 혼란을 경험하게 된다. 우리의 사고는 성의 변두리를 돌아다닌다. 그동안에 데레사가 우리에게 상기시키는 것처럼, "영혼은 보다 높은 궁방에서 주님과 아기자기하게 지내는지도 모를 일"이다(4궁방 1,9).

분심들은 4궁방에서 다른 의미를 가지고 있다. 모든 기도는 하나님의 내주하시는 성령의 주도 아래 이루어진다. 그러나 독특한 어떤 것이 이 기도의 방식 안에서 일어난다. 그것은 전통적으로 주입된 관상[1]으로 알려져 있는 것의 시작이다. 하나님의 삼위일체적인 삶의 이러한 독특한 유입은 분심들에 대해서 독특한 응답을 요구한다. 대개 이 4궁방에서 최소한 기도 시간 동안의 분심들은 다루어지지 않고 견뎌내야 한다.

"아름답고 눈부시게 빛나는 궁전"(1궁방 2,1)은 데레사가 하나님 안에 있는 영혼의 삶의 역동을 묘사해 보려는 노력으로 사용한 많은 이미지들 중의 하나일 뿐이다. 그녀는 그것을 "동방으로부터 온 진주로 비유하기도 하고 삶의 생명력 있는 물 안에-즉 그것은 하나님-심겨진 생명나무"(1궁방 2,1)로 비유하기도 한다. 나는 나무의 성경적 이미지가 첫 세 궁방을 통해 관상기도의 방으로 가는 움직임의 상징적 표현 방법임을 발견한다. 잎을 통해 나무는 태양으로부터 생명을 공급받고 뿌리는

---

[1] 주입된 관상은 주부적인 관상이나 수동적인 관상으로 불린다(역자 주).

땅을 통해 수분을 흡수한다. 자연의 모든 힘은 나무를 튼튼하게 하고, 아름답게 하고, 그 형상을 일그러뜨리거나 혹은 자연의 폭력에 의해 완전히 뿌리째 뽑히게 하는 상호 작용을 한다. 나무의 생명의 원천인 수액은 몸통으로부터 가지까지 흐른다. 외부의 요소들이 나무에 영향을 주기도 하지만 나무는 수분과 영양분을 위해 아래의 토양에 의존하기도 한다. 나무의 뿌리는 나무가 높이 자랄 때 땅으로 더 깊게 뻗어나간다. 뿌리를 통해 나무는 자신의 삶에 필수적인 많은 영양소들을 끌어당긴다.

처음 세 궁방 안에서 기도는 나무의 외부적 삶과 같다. 그것은 하버드의 심리학자 찰스 버지(Charles Verge)가 "상황적 자아"(contextual self)라고 부른 다양한 측면에 참여한다. 상황적 자아는 자아의 좁은 한계와 몸, 정신, 감정과 같은 시간과 공간 조건에 매인 우리의 개인적 차원, 조건적이고 침투가 가능한 개인의 모든 차원을 의미한다. 이 상황적 자아의 활동은 우리 인간에게 필수적이다. 그것을 통해서 우리는 하나님과의 관계적 삶 안에서 자라날 수 있다. 소리기도, 묵상 기술, 성경의 사용, 묵주기도, 향심기도나 데레사가 거둠의 기도라 불렀던 것들은 모두 상황적 자아가 믿음 안에서 하나님께 나아가는 데 사용되는 방법들이다.

상황적 자아와 더불어 버지가 "신적 자아"라고 부르는 것이 있다. 신적 자아는 인간과 신이 서로 만나고 무조건적인 수용이 일어나는 장소이다.[2] 이 만남의 과정은 4궁방에서 특별한 의미를 가정한다. 우리가 인간의 노력을 통해 하나님께 나아갈 때, 나무의 수액과 흙의 영양분들이 나무의 몸통을 통해 가지의 생명에 영양을 주기 위해 나아가 거기에 봉오리가 맺히고 꽃이 만개하게 하는 것처럼, 하나님은 우리에게 다가오신다. 하나님을 향한 우리의 나아감과 우리를 향한 하나님의 다가오심은 4궁방 안에서 상호 작용한다. 우리 쪽의 노력 없이, 내주하시는 하나님의 임재가 고요하게 알려진다. 하나님의 신비스럽고 미묘한 만지심이 인간 의식을 관통한다. 이것은 더 이상 상황적 자아로부터 나온 정보에 의존하지 않은 채로 일어난다. 이 과정에서 감각은 포함되지 않는다. 데레사는 위안(consolation)과 영적 기쁨(spiritual delights) 사이의 차이점을 우리에게 줌으로 이것을 잘 묘사한다. 위안은 상황적 자아의 수준에서 기쁘고 즐거운 경험에 대한 정상적인 인간 반응인 반면에, 영적 기쁨은 신적 자아의 깊음에서 하나님의 친밀한 임재의 넘쳐흐름이다.

"기도에 있어 흐뭇한 기쁨(consolation)과 맛이 서로 다르다는 점을 들어서 이야기하겠습니다. 그 기쁨이란, 우리가 묵상을 한다든지 주께 기도를 드릴 때에 느끼는 그런 것이 아닌가 싶습니다. 그것은 하나님의 도우심이 비록 먼저 있기는 하지만, 결국 우리 자연의 바탕에

---

[2] Charles Verge, Ph.D., "Foundations for a Spirituality Based Psychotherapy," in *Religion and Family*, edited by L. Burton (Hayworth Press, 1992), p. 40.

서 오는 것입니다. 하나님 없이는 우리가 아무것도 할 수 없다는 것, 앞으로 내가 하는 말들은 이 뜻으로 알아들어야 합니다. 어떻든 이 기쁨은 우리가 하는 덕행 자체에서 오고 우리가 일해서 얻은 것처럼 보이는 것입니다. 그러기에 좋은 일을 했을 때에 흐뭇함을 느끼는 것은 당연할 것입니다"(4궁방 1,4).

데레사는 우리가 인간 본성에서 시작하는 위안, 즉 우리가 하나님께 나아갈 때에 우리의 노력의 결과로 자연스럽게 경험하는 위안과 영혼의 깊은 곳에서 하나님으로부터 직접 오는 영적 기쁨 사이의 다른 점을 이해하는 것을 중요하게 생각했다. 영적 기쁨은 하나님으로부터 오는 것으로서 그것이 넘쳐흐름으로써 의식적인 인식으로 파고들어 온다(4궁방 1,4-6).

"영혼의 맛(spiritual delights)은 하나님으로부터 비롯하여 자연 본성이 그것을 느끼면서 위에서 말한 저 기쁨에서 느끼듯이, 아니 그보다 훨씬 초월한 기쁨을 누리는 것입니다"(4궁방 1,4).[3]

그녀는 우리에게 그녀가 다른 곳에서 이 주제에 대해서 길게 말했던

---

3) 데레사의 또 다른 예시로서 기도와 관련하여 상황적 자아와 신적 자아의 기능에 관한 그녀의 묘사는 4.2.2-6를 참조하라.

것을 상기시킨다.[4) 위안은 우리가 하나님께 나아감의 열매인데, 종종 이것은 3궁방의 경험들의 자기만족적인 특징들을 가진다.

"어떻든 이 기쁨은 우리가 하는 덕행 자체에서 오고 **우리가 일해서 얻은 것처럼 보이는 것입니다.** 그러기에 좋은 일을 했을 때에 **흐뭇함을 느끼는 것은 당연할 것입니다**"(4궁방 1,4)[저자강조].

심리적 통찰력의 예리함을 가지고, 데레사는 같은 종류의 위안이 마치 사업에서 성공하여 막대한 재산이 굴러들어온다든가 갑자기 굉장한 상속을 받는 것처럼 우리를 기쁘게 하는 인간적인 노력을 통해서도 올 수 있다고 지적한다(4궁방 1,4). 위안들은 그것이 하나님과의 관계 안에 있는 것이든 아니면 어떤 인간 경험이든 기쁘게 하는 것에 대한 인간적인 반응이다. 데레사가 관찰한 것처럼 "일반적으로 이런 경건한 감정을 갖는 이들은 저 앞의 궁방들에 사는 사람들입니다. 그들은 거기서 거의 항상 머리 쓰는 일만 하고 있는데, 이성을 가지고 추리를 하거나 묵상을 합니다"(4궁방 1,6).

위안의 감정이나 위안의 부재를 둘러싼 분심들은 이것들이 종종 3궁방에서 부족한 겸손의 열매를 맺었는가를 시험한다(4궁방 1,6). 위안이

---

4) 『자서전』 12장을 보라. 여기서 데레사는 정원에 물을 주는 네 가지 방식의 이미지를 통한 기도의 발달을 계속해서 언급한다. 또한 『완덕의 길』, pp. 16-25에서는 관상기도의 시작에 관하여 다루고 있다.

거의 없음으로 혹은 부족함으로 인한 자기-연민과 분노의 지속적인 감정은 우리가 겸손의 선물을 위해 기도하도록 경각심을 일깨운다. 이것은 자기 비하의 훈련이 아니라, 데레사가 우리에게 상기시키듯이 오히려 겸손이 진리임을 훈련하는 것이다. 진리 안에 걷는 것은 우리가 받은 선물과 인간으로서의 연약함을 동시에 깨닫는 것이다. 그러나 우리가 아무리 연약한 피조물이라 할지라도 우리의 놀라운 현실은 그 깊이를 온전히 파악할 수 없는 신비의 하나님께서 우리를 사랑하시고 계시며, 우리를 친밀한 관계로 초대하신다는 것이다. 겸손은 하나님 앞에 있는 인간 실존의 복잡성을 인식하는 진정한 자기 지식의 열매이다. 겸손은 연약한 인간이 하나님과 더불어 편안함을 느낄 수 있도록 해준다.[5] 심리 요법이나 다른 수단을 통해 얻는 자아 지식은 반드시 겸손으로 이끌지 않는다. 반면에 기도를 통한 자아 지식의 성장은 항상 겸손의 성장을 수반한다. 순수한 겸손은 항상 인간과 하나님의 관계 속에 뿌리를 내린다.

자신의 글을 통해 데레사는 자신이 자기 이해의 결핍이라고 간주한 것을 가지고 논의한다. 4궁방 1,7-11에서 그녀는 상상(여기서 데레사는 "상상"을 "생각"[mind]으로 부르기도 함)과 지성[6] 사이의 차이를 이해하려

---

5) 데레사의 저작에 나온 겸손에 관한 나의 연구를 보라. "Teresa Revisions Humility: A Matter of Justice," found in *The Land of Carmel* (Rome: Institutum Carmelitanum, Via Sforza Pallavicini 10, 1991), pp. 337-346.
6) 여기서 "지성"(intellect)은 우리 영혼이 지닌 능력 중 하나인데, 최민순 신부님은 "오성"으로 번역하고 있다.

는 자신의 어려움으로 우리를 끌어들인다. 둘 사이의 다른 점을 해결하려는 그녀의 노력은 우리를 다시 나무의 이미지로 데려간다. 겨울이 끝날 때쯤 수액은 다시 나무의 몸통을 통과하여 겨울을 나기 위하여 단단한 외피로 덮여 있는 봉오리에까지 순환한다. 봉오리들이 만약 팽창하고 새롭게 성장하려면 자신들을 보호하는 외피를 내려놓는 것이 필요하다. 마찬가지로 데레사가 **고요의 기도**라고 부르는 것 안에서도, 하나님은 성령의 신적 에너지가 중심 방으로부터 영혼의 능력 안으로 흘러들어올 때 우리 인간의 활동을 내려놓도록 초대하신다. 하나님은 상황적인 자아-실재에 대해 제한된 관점을 가진 몸과 정신의 복합체-의 한계를 넘어서서 **승복**을 통해 더 깊은 실재로 나아가도록 초대하신다. 때때로 상황적 자아는 기꺼이 이 새로운 실재에 양도되는 것처럼 보일 수도 있다. 그래서 영혼은 하나님께 고요하게 그리고 온전하게 침잠하는 자리로 나아간다. 다른 때에 영혼은 이전 궁방의 혼란 가운데에서도 더 편안해 하며, 고요함에 반응할 수도 있다. 이 경우에 데레사는 "영혼이 많은 맹수와 독충에 시달리면서 그 시달림으로 유익을 얻는 것"을 관찰하여 우리를 격려하였다.

  만약 이것이 우리의 기도 안에서 일어난다면 "함부로 마음을 어지럽히거나 기도를 놓아버리거나 해서는 안 됩니다. 이것이야말로 악마가 노리는 바"(4궁방 1,9)이다. 개인적 경험으로부터 데레사는 현명한 충고를 제공한다. 즉 4궁방 안에서 우리는 우리의 생각에 의해 동요해서는 안 된다. 또한 **고요의 기도**, 즉 관상기도의 초기 역동에 대하여 자신의 생각이 저항하려드는 반응을 보고 염려하지 말아야 한다(4궁방 1,11). 신중한 지혜로 그녀는 우리에게 기도 안에서 위안을 구하지 말 것과 하나님과의 대화에서 인간의 노력으로 하나님의 범주를 넘어서지 말 것을 당부한다. 생각(mind)이 자유로울 때, 즉 하나님의 임재에 의해 완전히 흡수되는 경험을 하지 못했을 때 당신이 당신 자신을 돕기 위해, 특히 생각이 방황하고 기도가 메마를 때 스스로 할 수 있는 모든 것을 다하라고 권고한다. 영혼은 겸손과 수용성과 자아 지식을 배워나가고 있는 것이다. "우리는 스스로의 비참함을 깨달읍시다…."

> "하지만 하고많은 세상 고생을 우리가 덜려고 하고 주께서도 그 고생을 없애 주시려 하는데도, 우리 자신 안에 딱 가로막는 것이 있을 때의 그 안타까움은 여간 어렵고 참기 힘든 것이 아닐 것입니다. 그러기에 주여, 이러한 비참이 우리를 깔보지 않는 그곳으로 우리를 인도해 주소서. 때로는 이것들이 우리 영혼을 놀리는 것만 같사옵니다"(4궁방 1,12).

우리는 순수한 인간 노력만을 통해 하나님께 도달할 수 없다. 승복은 인간 노력을 통해 도달할 수 없는 평온함의 내적 공간으로 들어가는 열쇠이다. 이 공간은 우리의 필요와 욕망으로 이루어진, 즉 자신이 만든 하나님 형상의 영역 밖에 있는 것이다. 이러한 이유 때문에 4궁방은 필연적으로 통제하려는 욕구를 내려놓는 것과 승복을 배우는 것으로 특징 지어진다. 보통 이 경험으로부터 또 다른 중요한 통찰력이 나온다. 기도와 생각(mind)의 방황이 통제되지 않는 것처럼 삶의 나머지 부분도 통제될 수 없다. 승복의 과정 안에서, 나머지 현실과 우리의 관계도 변한다. 인간관계 안에서, 우리는 사람들이 자기 자신이 되도록 해주기 시작한다. 우리는 다른 사람의 삶을 통제하는 것과 그들의 문제와 결점에 대해 책임을 지는 것과 그들을 고쳐 새롭게 만드는 것을 덜 필요로 하게 된다. 왜냐하면 우리가 중심 방에 더 가까이 가게 되면, 우리 영혼의 눈은 하나님의 눈을 통해 자아와 타인을 보기 시작하기 때문이다.

4궁방에서는 실재의 전체를 우리가 어떻게 인식할 것인지에 대해서 새로이 초점을 맞추는 일이 일어난다. 자아가 하나님께 더 중심을 둠으로 덜 자기 중심적이 되어감에 따라 하나님의 빛이 참 인간됨이 무엇인지를 모두 밝히 드러내신다.[7] 그래서 데레사는 하나님이 그녀의 마음을 피조물의 매개 없이 하나님을 직접 맛보도록 확장시키시고 그녀의 영혼(사실은 그녀의 전 인격)을 재교육시키셨을 때 그 웅장함에 놀랐다. 육체적인 것이나 감각에 속한 것들이 영 안에서 하나님의 자기 의사소통의 넘쳐흐름을 수용한다(4궁방 2,5-6).

초기의 궁방들에서는 일반적이고 인간적인 과정을 통한 내면화가 이

---

7) 『어둔 밤』 2.1-3을 보라.

루어진다. 인식하고 이해하고, 비판하고 책임지면서 우리는 자기-소유를 깨닫게 된다.[8] 4궁방에서 우리는 기도 안에서 종종 메마름을 통해 감정과 심지어 생각의 매혹을 넘어서서 사랑하는 것이 무엇인지를 배우게 된다. 우리 안에 계신 하나님은 계속적으로 더 깊은 사랑과 더 깊은 승복으로 우리를 초대하신다. 우리는 삶이 통제될 수 없다는 것을 배운다. 무엇보다도 우리가 전적 "타자"이신 하나님을 만나기 시작하면서, 하나님을 당연하게 여기지 않음과 우리의 너무 좁은 개념으로는 하나님을 다 담아 내지 못함을 배운다.[9] 그러므로 4궁방에서의 경험은 하찮고 지나치게 예민한 자아의 사적인 세계에 덜 구속되는 더 깊은 영적 인식과 우주와 하나님의 넓은 세계 안에 참여하는 초월성으로의 모든 초대이다.

4궁방은 친밀함과 초월성의 경험이 미성숙한 하나님 이미지의 찌꺼기를 가진 이기적인 자기애를 직면하는 전환의 장소이다. 우리가 통제를 거부하고 동시에 모든 인간의 활동에 친밀하시며 사랑의 신비이신 하나님을 수용하게 될 때, 거울처럼 진리 자체이신 하나님은 영혼 안에 있는 진짜가 아닌 모든 것의 비진리성을 다시 반사해 내신다.[10] 이 과정에서,

---

8) *Method*, p. 13을 보라.
9) 이에 관하여서는 욥기도 마찬가지로 옳다. 엘리바스, 빌닷, 소발은 하나님과 우리 자신, 그리고 타인과 교회, 우주에 관하여 매우 좁은 사고를 하는 이들을 상징한다. 하나님은 그들이 얘기하듯 간단히 요약될 수 있는 분이 아니시다.
10) Vilma Seelaus, "The Self: Mirror of God," in *The Way*(London, England: Heythrop College, July 1992), pp. 225-236을 보라.

열매를 많이 맺는 근원처럼 하나님은 고요하게 영혼의 정원에 물을 주시고 신적 자아, 때로는 심지어 상황적 자아까지도 고요함으로 매혹시키신다.[11]

그러면 우리는 4궁방의 분심을 어떻게 다룰 수 있는가? 4궁방 1,9에서 데레사는 우리로 하여금 우리의 비참함을 스스로 인식할 것을 격려한다. 기도 가운데 하나님께로 이끌림이 그분의 침묵 안에서 고요하게 쉬고자 하는 욕구를 일으킬 때, 만약 우리가 우리의 비참함 즉 기도의 순간에 우리의 기도를 혼란스럽게 하는 것을 단순하게 **명명**(naming)하고자 한다면 이러한 명명(naming)은 적절한 것이며, 최소한 그 결과로서 내면의 고요가 시작될 것이다. 분노나 상처, 근심, 또는 편안하게 쉼을 느끼지 못하는 것과 같은 감정들을 분석하거나 판단함 없이 단순하게 확인하고 인정하는 것, 다시 말해서 그런 감정들이 거기에 있음을 분명히 하여 단순하게 인지하는 것은, 하나님의 고요가 상황적 자아의 외부의 수준으로까지 이르게 되는 길을 열어주는 데 있어서 중요하다. 마음(heart)이 고요할 때 우리는 더욱 하나님의 조명(illumination)에 수용적이 된다. 감정을 명명하지 않고 그대로 내버려두는 것은 불안한 마음 상태를 초래한다. 그리고 이 불안한 마음 상태는 분심들이 마음을 통제하도록 허용한다. 분심들은 감정들이 자신들의 존재를 알리는 하나의 방법

---

11) 이미 언급하였듯이 데레사는 인간 노력의 다른 측면으로서 관상기도의 효과를 설명하기 위해서 두 샘물과 두 물구유의 이미지를 사용한다.

임을 기억하는 것이 중요하다.

우리가 감정을 명명하는 것은 하나님이 우리의 내적 어둠에 빛을 비추시는 것을 허락한다. 우리는 우리의 분노의 감정 아래 있는 것이 다른 사람들의 삶을 통제하려는 끊임없는 충동이라는 것과 우리가 여전히 과거의 상처와 실패에 대해서 해결되지 않은 분노에 매여 있는 것임을 발견할 수 있다. 우리는 자신이 비난에 대해 지나치게 예민함을 발견할 수 있다. 우리가 집착하고 있는 것들이 우리 눈앞에 명백하게 드러날 수도 있다. 생수의 흐름을 막고 가족과 우리의 일터에서 문제를 야기시키는 중독이 실제로 존재함을 직면할 수도 있다. 나는 모든 지속되는 분심의 밑바닥에는 하나님의 치유와 변화를 위하여 명명되어야 할 감정과 직면하고 드러나야 할 더 깊은 문제가 존재한다고 확신한다. 고요한 생각/마음(mind)은 우리로 하여금 우리의 몸과 마음, 감정, 그리고 주변 세계에서 무엇이 일어나고 있는지를 인식하는 데 도움을 준다. 평화로운 마음은 하나님의 침묵이 머물기를 사랑하는 좋은 환경이다.

4궁방 제3장에서 데레사는 관상기도로 들어가는 영혼의 여정에 대하여 설명한다. 그 경험은 "고요의 기도에 앞서서 주님이 대부분의 일을 해주시는," 그녀가 거둠의 기도라고 부르는 것으로 시작된다. 이 장은 분심에 대한 가치 있는 제안들을 담고 있다. 데레사의 이미지에서, 성의 사람들–감각(senses)과 능력(faculties)–은 성 밖에서 오랜 기간을 방황한 후에 비로소 성 가까이 있기를 원하게 된다. "그렇다고 해서 그 성안으로 들어갈 주제도 못됩니다. 몹쓸 버릇이 찌들어 있기 때문입니다. 그렇다고 또 아주 반역자가 되는 것도 아니기 때문에 성 밖을 맴돌기만 합니다"(4궁방 3,2). 데레사는 여기서 목자의 비유를 사용한다. 어지신 목자의 나직한 휘파람 소리는 묘한 힘을 가지고 있어서 능력들이 지금까지 빠져있던 바깥 사물을 깨끗이 버리고 마침내 성안으로 들어가게 한다. 여기의 영혼은 뚜렷하게 안으로 끌어당기는 힘을 감지한다. 데레사는 이것을 제 몸을 제 안으로 움츠린 고슴도치와 자신의 등딱지 안으로 들어간 거북에 비유한다(4궁방 3,3).

그녀가 다음에 이야기하는 것이 중요하다. 데레사는 이 상태에 있는 사람에게 담화(discourse)에 참여하지 말고 영혼 안에서 일하시는 주님을 주목하고 주님이 무엇을 행하시는지를 인식하라고 충고하는 당대의 책들에 대해 이의를 제기한다. 데레사는 그 책들에 동의하지 않고 대신 자신의 입장에 대한 지지를 알칸다라의 성 베드로에게서 발견한다. "그 책을 읽어 본 결과 표현은 다를망정 내용은 내 생각과 같았습니다"(4궁방 3,4). 그녀는 여기서 네 가지 중요한 포인트로 자신의 논의를 강화한다. 첫 번째, 영혼이 이 기도를 일으키려고 노력할 때 영혼은 아주 바보처럼 되고 더 메마름에 놓이게 된다. 그리고 아마 상상력은 아무것도 생각하지 않으려는 노력으로 인해 더 들썩이게 된다. 두 번째, 영혼 안에서 이루어지는 일들은 모두 맛스럽고 잔잔하게 이루어진다. 고되게 어떤 것을 하는 노력은 영혼에 유익보다 해로움을 야기할 수 있다. 데레사가 괴롭다는 것을 설명하기 위하여 제시하는 예는 기도를 일으키기 위하여 호흡을 멈추는 것처럼 힘들게 하는 노력을 말한다. 세 번째, 아무 것도 생각하지 않겠다는 노력이 아마도 더 많이 생각하도록 마음을 자극할 것이다. 네 번째, 기도는 우리의 편함과 기쁨을 위해 하는 것이 아니고 하나님의 명예와 영광을 위해서 하는 것이라는 조언이다. 이 기도 안에서 우리는 우리의 지성이 산만하게 떠돌아다니는 것을 절제하기 위하여 우리가 할 수 있는 것을 한다. 그러나 이것이 우리의 지성이나 마음(mind)의 활동을 중지시키는 것은 아니다(4궁방 3,5-7). 그녀는 거둠의 기도 안에서, 묵상이나 지성의 활동은 관상기도를 드리기에 적합하도록 영혼을 다루시기 시작하는 하나님의 활동을 방해하지 않기 위하여 부드럽게 다루되 그것들을 버려서는 안 된다고 주장한다.[12]

십자가의 성 요한은 관상기도의 시작을 나타내는 세 가지 신호를 준다. **첫 번째** 신호는 사람이 추론적인 묵상을 할 수 없거나 이전같이 그것으로부터 만족을 얻을 수 없다는 깨달음이다. 보통 메마름이 결과이다. **두 번째** 신호는 내부나 외부의 어떤 특정한 물체에 대해서 상상력이나 감각능력을 고정시키는 것을 싫어하는 인식이다. **세 번째** 가장 확실한 신호는 사람이 내적 평화와 고요와 휴식 안에서 특별한 숙고 없이도, 그리고 지성과 기억과 의지의 행동과 수련 없이도 사랑하는 마음으로 하나님을 인식하며 홀로 남아 있는 것을 좋아한다. 그리고 어떤 특별한

---

12) 『완덕의 길』 26.1에서 데레사는 사람의 생각을 거두는(recollecting) 방법을 설명한다.

지식이나 이해 없이도 기도자는 우리가 언급했던 사랑의 앎과 지식 안에 홀로 남아 있는 것을 더 좋아한다.[13]

이 경험에서, 향심기도에서 사용되는 것과 같은 만트라의 사용은 더 깊은 실재로 들어가는 데 방해가 될 수 있다.[14] 영혼은 마치 그 말씀들이, 심지어 그것이 하나의 단어라 할지라도 자신의 영혼을 질식시키는 것처럼 느끼게 된다. 저절로 눈이 감긴다. 이 관상기도의 초반의 경험은 비록 영혼이 [관상]기도로 이끌림을 받지만 동시에 어떤 것도 일어나지 않는 것 같은 큰 메마름의 경험이 될 수 있다. 이 감각-고갈의 사막 같은 경험 안에서, 정신(mind)은 위안의 오아시스를 찾아 방황한다. 데레사는 하나님의 불이 죽어갈 때 머리를 짜내며 기도하기보다는 불이 다시 타오르고 내적 잠심을 다시 얻고자 하는 희망으로 사랑의 짚을 부드럽게 던져야 한다고 충고한다. 다시 분심에 관해서 말한다면 우리는 단순히 그것들을 주목하고 그것들을 흘려보내야 한다.

기도 안에서 메마름과 감각-고갈의 경험은 하나님을 향하여 영혼과 정신(psyche)을 조건화시키는 데 도움을 준다. 비록 본성에 의해 하나님과 관련되어 있지만, 상황적 자아는 승복을 통해 더 깊은 하나님 체험을 하기 위해 조건화(conditioned)될 필요가 있다. 특히 우리의 정신은 믿음, 소망, 사랑의 신학적 덕의 조건화를 기다린다. 그래서 우리의 앎, 이

---

13) 십자가의 요한의 A2.13.2-4; 『어둔 밤』 1.9.1-6; 또한 『완덕의 길』 30.3-5; 31.12.
14) 토마스 키팅(Thomas Keating)의 책과 센터링 기도에 관한 다른 책들을 참조하라.

해, 그리고 욕구는 하나님 안에 뿌리내리게 되고 하나님의 성령의 움직임과 함께 살아난다. 십자가의 요한은 우리에게 믿음이 하나님과의 연합을 위한 가장 주요하고 균형 잡힌 수단임을 상기시킨다. 기도 여정 중 이 단계에서 우리는 여전히 기도에 있어서 인간이 주도하는 범주 안에 있다. 믿음과 소망과 사랑을 통하여 하나님께 나아가는 접근은 수련의 강화를 필요로 한다. 특히 믿음은 더 훈련되어져야 한다. 4궁방의 메마름은 좀 더 앞선 궁방에서처럼 피조물에 대한 애착으로부터 온 것이 아니고 그것보다 하나님의 고요한 유입을 다루는 정신(psyche)의 무능력함에서 오는 것이다. 하나님은 하나님을 위한 공간을 만드신다. 빨리 움직이는 물이 자신을 위해서 장소를 움푹 들어가게 하면서 길을 만드는 것처럼, 하나님의 유입도 계속해서 하나님을 닮은 모습으로 우리를 변화시킨다. 우리 역시 완전한 승복을 통하여 하나님 앞에서 부드러워지게 하려는 것이다.

  이 경험은 인간 이해를 넘어서기 때문에 메마름에도 불구하고 우리를 기도로 이끄는 미묘한 어떤 것을 제외하고는 우리의 기도에 아무것도 일어나지 않는 것같이 보일 수 있다. 적합한 응답은 수용적인 믿음의 모습이다. 비록 마치 아무것도 일어나지 않는 것처럼 보이지만 사실 우리의 영혼은 하나님을 좀 더 수용하기 위해 조건화되고 있는 것이다. 데레사는 분심들에 대해 4궁방에서 훌륭한 충고를 제공한다. 우리는 많이 생각하는 것이 아니라 많이 사랑해야 하고 사랑하게 하기 위해 그렇게 해야 한다. 왜냐하면 사랑은 큰 기쁨을 경험하는 데 있는 것이 아니라 하나님의 것을 바라고 매사에 하나님을 기쁘시게 해드리고자 하는 강한 결단을 가지고 그것을 바라는 데에 있기 때문이다. "그렇다고 여러분은 다른 것을 생각해서는 안 된다든지 조금만 마음이 헷갈려도 다 틀렸다고 생각해서도 안 됩니다"(4궁방 1,7-14)

기도에 대해 진지한 대부분의 사람들은 4궁방의 경험을 어느 정도 가지고 있다. 보통 이것과 함께, 삶의 더 큰 단순성과 좀 더 큰 관상적인 삶을 향한 강렬한 욕구가 온다. 이러한 단순성과 덜 바쁜 삶의 스타일에 대한 내적 절박함은 때때로 관상수도회에서의 관상적인 삶에 대한 요구와 혼돈되기도 한다. 열광적인 삶은 불가피하게 기도 안에서 분심들을 낳는다. 고요의 기도는 일상의 삶에서 더 큰 고요를 향한 열망을 자극한다. 만약 우리가 우리의 분심의 소리에 귀를 기울인다면, 이것들은 우리의 내적, 외적 삶이 좀 더 서로 조화롭게 되는 것을 필요로 하는 단계로 나아가도록 우리를 환기 시킬 것이다. 여기에서는 단지 피정의 시간만이 중요한 것이 아니고 자만의 감각으로 단순히 자아를 만족시키는 황량한 바쁨으로부터 멀어지는 전반적인 물러남이 중요함을 말해 준다.

얼마 전에 나는 기도와 삶의 관계를 보여주는 『시간 전례』(*Liturgy of the Hours*) 안에서 볼 수 있는 성 암브로시우스(St. Ambrose)의 글에 감동을 받았다. 그는 이렇게 기록했다.

그리스도는 당신이 당신 자신을 위하여 용서를 구할 때, 다른 사람에게 관대함으로 당신의 행동이 당신의 기도를 지배할 수 있게 하라고 권고하신다. 또한 어떻게 기도해야 하는지에 관한 사도들의 가르침처럼: 당신은 분노와 다툼을 피해야 한다, 당신의 기도는 고요하고 건전해야 한다. 비록 우리 구세주께서, "너의 골방으로 들어가라"고 말씀하시지만, 또한 그분은 모든 장소가 기도의 장소라고 말씀하신다.

골방에 관하여 당신은 그 "방"이 당신의 몸을 가두는 벽으로 닫힌 그런 방이 아닌, 당신 안에 있는 당신이 집착하고 당신의 생각들을 감추는 곳임을 이해해야만 한다. 이 기도의 방은 당신이 어디에 있든지 언제나 당신과 함께 있으며, 오직 하나님만이 당신을 바라보실 수 있는 비밀의 방이다.[15]

나는 이 내면의 기도의 방이 그리스도께서 머무시는 임재의 실재라고 생각한다. 4궁방에서 부활하신 그리스도의 에너지는 영혼을 하나님의 광대함으로 유도하기 위하여 우리를 기도의 은밀한 방으로 이끄신다. 그리스도의 에너지는 어떤 것이 실제로 **사적인 자아**로서 존재할 수 있다는 환영(illusion)에 빠진 자아를 정화시키는 관계적이며 삼위일체적인

---

15) *The Liturgy of the Hours*, Volume Four (New York: Catholic Book Publishing Co., 1975), p. 347.

에너지이다. 우리는 서로의, 서로를 위해 존재하는 삼위일체와 비슷하다. 4궁방에서 그리스도는 인간의 영혼 안에서 활동하는 왜곡된 에너지-자아 중심을 향해 당기는 중력-를 붙잡고 7궁방에서 완전하게 실현되는 삼위일체의 사랑으로 흐르도록 하신다.

제5장

제5궁방

5궁방에서 하나님은 영혼으로 하여금 하나님과의 연합을 살짝 맛보게 하심으로 영혼의 가장 깊은 중심으로 초대하신다. 이러한 하나님과의 연합의 경험들은 비록 그것이 짧다고 하더라도 4궁방에서 시작된 과정인 자기-승복의 성장을 촉진시키고, 영혼 안에 하나님을 향한 포기가 깊이 뿌리 내릴 수 있게 한다. 하나님께서 모든 것을 하나님을 위해 원하신다는 것이 이 5궁방 안에 있는 영혼에게 점점 더 분명해진다(5궁방 1,3). 여기서 우리는 우리 인간이 지음 받은 이유의 완전한 가능성을 엿보기 시작한다. 이 궁방들에서 하나님은 자기 중심적인 삶의 흔적을 넘어서 지속적으로 깊어지는 하나님을 향한 영혼의 자기-승복으로 나아가는 은총을 주신다. 영혼이 기도 가운데 하나님과 연합됨에 따라 선으로 우리를 이끄는 갈망들은 이제 완전히 하나님께 초점이 맞추어진다. 데레사는 "그들의 모든 갈망들이 당신을 기쁘시게 하기 위한 방향으로 정위됩니다"(5궁방 1,1)라고 말한다. 우리를 환상으로부터 지키기 위해서 데레사는 하나님과의 연합이 실제적인 함의들을 가지고 있음을 분명하게 한다.

> 영혼은 하나님을 섬기는 일, 자기 자신을 아는 일에 항상 더욱 노력해야 된다는 것입니다(5궁방 3,1). 진정한 합일이란, 우리가 오직 하나님의 뜻을 좇는 데 마음을 두고 그렇게만 힘써 나아가면 주님이 도우시어서 거뜬히 얻어지는 것입니다(5궁방 3,3).

하나님의 뜻에 의지를 고정시키는 것은 영혼을 순전히 자신만의 관심사에서, 즉 데레사가 자기-사랑 그리고 자기-의지라고 부른 것에서 사랑의 승복으로 이끈다. 그러한 항복에 있어서 필수적인 것은 자기-지식의 성장이다. 이를 통해서 우리는 자기-사랑의 움직임을 인식할 수 있다. 우리가 후에 탐구할 바와 같이, 이 궁방들 안에서의 분심들은 그러한 인식으로 향할 수 있도록 돕는다. 그녀가 "초자연적 기도"-하나님에 의해 시작된 기도-라고 부르고 있는 것을 다룰 때 분심들은 우리를 피상적인 자기-인식 너머로 이끄는 자기-지식의 심연으로 초대하는 역할을 한다. 자기-지식을 통해서 깊은 내면 안에 있는 것과의 만남은 우리로 하여금 자기-사랑, 자아 확장을 향한 미묘한 움직임, 하나님을 위한 총체적 존재를 더럽히는 모든 것들의 움직임을 알아차리도록 돕는다.

심리학은 완전한 인간 발달을 위해 자기-소유의 중요성을 강조한다. 융은 그것이 삶의 전반기의 과업이라고 주장한다. 이것은 기도의 실천을 통해서 그리고 기독교적 삶으로 나아가려는 노력 가운데 처음 세 궁방들에서 특히 나타나는 것이다. 일반적인 성장 과정에서 우리의 정체성은 자신이 가진 재능을 사용하며 자신을 위해 세운 목표를 성취해가는 가운데서의 자기-유지를 통해 형성된다. 우리는 결정을 내리고, 우리 삶에 방향성을 부여하는 의무를 수행하는 법을 배워가면서 자기-확증적이 되어간다. 또한 우리는 자기를 정당화하게 된다; 우리는 다른 사람들이 우리에 대해서 생각하는 것들에 덜 영향 받게 된다. 다른 사람들의 찬성과 반대의 태도는 우리 자신의 가치와 신념 가운데 견고하게 서 있는 것을 방해하지 못한다. 우리는 상충하는 가치들 가운데서도 우리가 붙들고 있는 가치들에 대하여 흔들리지 않고 서 있을 수 있다.

하지만 초기에 필요한 이러한 자기-중심적 집중이 여행의 끝은 아니다. 자기-소유는 쉽게 "자기-사랑과 자기-의지"로 더럽혀진다. 그것은 데레사가 3궁방에서 묘사하고 있는 실제의 혹은 상상된 성취에 기초하고 있는 피상적 자기-이해를 우리에게 남겨놓을 수 있다. 우리의 성취물들에 근거하고 있는 자아감은 대개 타인에게 손해를 끼침으로써 실현된다. 우리가 동료를 넘어 성공의 사다리로 오를 때, 우리 스스로를 다른 사람들보다 더 낫게 생각하려는 유혹은 항상 있기 마련이다. 우리가 자기-소유에 집착하고 자기-포기의 초대에 저항할 때 우리는 성공, 효율성 혹은 타인의 강한 관심을 만족시키는 것의 명령 안에 갇힐 수 있다. 역설적으로 이러한 일이 벌어지면 우리의 자아감은 훨씬 더 유동적이 되고 각 상황에 따라 바뀌게 된다.[1] 자아와 자아가 붙들고 있는 가치들은, 다른 사람들의 기대 혹은 각각의 상황의 양상에 따라 바뀌게 된다. 데레사는 명예를 유지하기 위해 자신의 권리를 주장하는 것이 중요했던 자신의 문화와 경험을 바탕으로 다음과 같이 말하였다.

> 우리는 지나치게 자기란 것을 사랑합니다. 우리의 권리를 포기하기에는 너무나도 영리합니다. 아, 이 얼마나 틀린 생각입니까?(5궁방 4,6)

5궁방의 자기-양도로 이끄는 내적 명령은 신적 연합을 통해서 그리스도 안에 계시된 자기를 비우시는 하나님께로 영혼을 이끌어 가면서 자기-소유를 향한 집착을 드러낸다. 데레사가 주장하듯이 예수님은 하나님과의 연합을 향한 여정에 있어서 항상 우리의 동료이자 모델이시다. 자기-양도는 관상과 하나님과의 연합을 통해서 "신적 자아"가 하나님을 위해서 무한한 능력을 실현하게 되는 존재의 보다 깊은 차원에 다가

---

[1] Vilma Seelaus, OCD. "The Self in Postmodern Thought: A Carmelite Response." (*Review of Religious*, September-October 1999, Vol. 58)), pp. 454-468.

갈 수 있도록 여는 문이다. 데레사는 우리가 너무나도 쉽게 피상성, 그리고 성취와 성공에 기반을 두는 자기-정의에 안주하려 하는 경향에 탄식한다. 그녀의 도전적인 말들에는 우리가 덜한 실재들을 추구하느라 엄청난 인간의 가능성을 간과하고 있다는 사실에 대한 슬픔의 기미가 없지 않다. 그녀는 쓰기를,

> 이 보배를 우리에게 보여주시게끔 마음의 준비를 하는 사람이 우리 가운데 몇이나 되겠습니까? 겉으로 보기에는 우리가 필요로 하는 것에 도달하고자 제법 힘쓰는 것 같습니다. 그렇지만 거기까지 다다르려면 덕에 나아가기를 힘쓰고 또 힘써야 하며, 크건 작건 무슨 일에나 소홀히 해서는 안 됩니다(5궁방 1,2).

포스트모던 작가들은 이 인간의 자아와 그것의 참된 정체성의 문제를 숙고한다. 유대인으로서 유럽에서 나치 시대 동안 오랜 기간 강제노역에 시달렸던 임마누엘 레비나스는 자기-만족과 통제의 장막 이면에서 근대적 자아가 그 자신의 본질의 덤불 속으로 숨는 것을 심지어 시작하기도 전에 "거기에" 있는 피할 수 없는 부르심에 의해 괴로워하는 불안한 피조물임을 인식하기에 이르렀다. 이러한 부르심의 근원은 무한한 것이다. 레비나스는 그것을 하나님이라고 부르기를 주저하지 않는다.

나는 내 자신의 관념들과 상황들을 명민하게 조작함으로써 주체가 되지 않는다. 그보다 내가 가지고 있는 모든 실재는 "깨어남의 외상" (外傷, trauma), 즉 "소멸하는 불과 같이 그 거처를 황폐케 하는" "도무지 이해할 수 없는 고통" 가운데서도 피할 수 없는 나의 유한함 안에 있는 무한함의 부르심과 일치한다.[2]

이러한 5궁방들 안에서 반복적인 양도를 통해 영혼은 스스로 자아를 벗어버린다. 영혼은 하나님께서 "깨어남의 외상"(trauma of awakening, 레비나스)을 통해서 자아를 그것의 참된 신적 이미지로 재구성하시도록 허용한다. 분심들은 적절한 때에 6궁방의 정화하는 불들을 지나게 될 거짓된 자아-구성을 드러낼 것이다. 역설적으로 자아를 벗어버린다는 것은 레비나스의 표현을 빌리자면 "소멸시키는 불"과 같으신 하나님께서 숨겨진 모서리에 불을 밝히시고 우리의 유한함 안에서 "무한의 부르심"에 저항하는 모든 것을 드러내심에 따라 우리가 이전 보다 더 우리 자신에 대해서 주의를 기울이게 된다는 것을 의미한다.

---

[2] 자기-포기(self-surrender)의 중요성을 강조하는 포스트모던 사상에 관한 흥미로운 개요는 다음을 참조하라. Mark McIntosh, *Mystical Theology: The Integrity of Spirituality and Theology* (Malden, MA: Blackwell Publishers, 1998), pp. 213-239. 또한 Emmanuel Levinas, *Otherwise than Being or Beyond Essence*, trans. Alphonso Lingis (Dordrecht: Kluwer Academic Publishers, 1991), pp. 176-177. *Powers and Submissions: Spirituality, Philosophy and Gender*, by Sarah Coakley (Malden, MA: Blackwell Publishers, 2002). 특히 "Kenosis and Subversion"장을 참조하라. pp. 1-39.

5궁방들에서의 연합의 경험들은 피상적인 삶의 찌꺼기들에 도전한다. 우리는 어떤 것도 붙잡으려고 해서는 안 된다(5궁방 1,3). 데레사는 우리가 하나님의 비밀 가운데로 초대받고 있음을 이해하길 원한다. 궁방들을 지나는 여정은 신적 친밀함, 즉 하나님과의 실제적인 만남이 있는 살아 있는 관계로의 하나님의 끊임없는 초대에 대한 우리의 응답이다. 비록 그녀가 "결혼한 사람들이 경험해야만 하는 기쁨들이 수천 마일이나 떨어져 있습니다"라는 점을 서둘러 분명히 하지만, 그녀는 인간의 약혼과 결혼의 친밀함보다 더 좋은 비유를 찾지 못한다.

> 영적 결혼의 경우에 오로지 사랑과 사랑의 결합으로 그 작용은 순결하기 짝이 없고, 그 아기자기한 진미란 도저히 표현할 수 없는 그런 것입니다. 오직 주님만이 사무치게 그 진미를 깨닫게 해주시는 것입니다(5궁방 4,3).

5궁방들에 걸쳐 데레사는 우리의 사고의 초점을 그리스도께 맞춘다. 아바(Abba) 하나님과 가졌던 그분의 관계적인 정체성은 삶의 성을 지나는 여정에 있어서 우리의 영감이다. 예수님은 그분의 전 정체성을 아버지의 뜻과 연합하고 복종하는 데서 찾으셨다. 하나님과 그분의 특별한 관계적 정체성이 제공해 주는 안정감 가운데서 예수님에게는 자기-유지, 자기-확증, 자기-정당화가 필요치 않았다. 이에 네덜란드 신학자

프란스 조세프 밴 벡(Frans Jozef van Beeck)이 썼다.

아버지와 관계 맺은 그분의 존재는 그분을 인격적으로 자유하게 하고 그분께 그분 주위에 있는 이들을 놀라게 할 인격적 권위를 부여한다. 하나님을 향한 전적인 의존, 전적인 친밀함, 전적인 정위(定位) 가운데 살면서 인간 예수 그리스도는 그 어떠한 자기 확증으로도 이루어낼 수 있을 것이라고 생각할 수 없는 방식으로 그 자신이었다. 하지만 이러한 자기 됨은 고립된 자기 됨이 아니었다. 예수님이 하나님과 맺은 관계는 그분으로 하여금 다른 이들과 끝없는 관계를 맺을 수 있게 한다. 그분은 정말 그곳에 계신다. 가장 겸손한 모습으로 그 팔을 내뻗는 제스처를 취하시면서도 그 끝을 헤아릴 수 없는 만남의 가능성 가운데서 다른 이들에게 나타나신다.[3]

예수님은 여기서 각 사람의 참된 정체성의 신비한 깊이를 반영하신다. 예수님과 같이 우리들의 정체성 또한 하나님의 삼위일체적 삶 안에 뿌리박고 있는 관계적 정체성이다. 하나님과의 연합, 그리고 하나님 안

---

[3] 하나님과의 관계적 정체성에 있어서 예수의 깊고 통찰력 있는 발달에 관하여서는 Franz Jozef van Beeck, SJ, *Christ Proclaimed: Christology as Rhetoric* (New York: Paulist Press, 1979)을 보라. "죽임당한 어린양"("The Lamb Slain", pp. 401-463)이라는 제목의 장은 특별히 하나님 앞에서 우리 자신의 개인적인 정체성과 관련하여 의의가 있다. 이 장은 인간의 영에게 매우 제한적인 자기-유지, 자기-정당화, 자기-확증을 넘어서 나아가게 하는 견고한 신학적 토대를 제시한다. 위의 인용은 424쪽에서 찾을 수 있다.

에서 만물과의 연합은 우리의 가장 궁극적인 실현이자 모든 참된 인간의 만남의 토대이다. 이는 예수님처럼 우리 또한 하나님으로부터 떨어져 있는 정체성을 완강하게 붙잡을 필요가 없어지는 포기(승복)의 깊이에 도달할 수 있다는 것을 의미한다.

이 궁방들 안에서의 분심들은 실제적으로 기도하는 시간을 넘어선 함의들을 가지고 있다. 그것들의 의미와 메시지는 일상의 삶에서 우리를 하나님과의 연합의 경험으로 말미암는 평화로부터 흐트러뜨리는 모든 것들 가운데서 발견된다. 하지만 연합의 기도가 지속되는 짧은 시간 동안 분심들은 문제되지 않는다.

> 말하자면 감미로운 죽음-육체를 지니고 있는 동안 이루어지는 모든 작용에서 해탈한 영혼의 상태-그렇습니다, 하나님 속으로 깊이 빨려 들어가느라 영혼이 육체를 떠난 듯한 감미로운 죽음입니다. 이럴 경우, 겨우 숨을 쉴 정도의 생명이 육체에 남아 있는지 그것을 나는 모릅니다. 지금 생각하면 남아 있지 않은 듯도 하고, 생명이 있다 손 치더라도 그 의식은 없을 것입니다(5궁방 1,4).

인간으로서 우리는 인식자들이요 사랑하는 자들이다. 연합의 경험 가운데 우리의 감각들, 정신, 마음과 지성은 눈에 보이는 물질적 대상들을 통해서 지식과 사랑에 이르는 것 대신 하나님으로부터 직접 사랑의 지식을 받는다. 하나님은 하나님의 자아를 영혼에게 전달하고 계신다. 데레사는 (영혼의) 기능들이 눈멀고 귀가 먼 것과 같이 된다고 말한다. 그것들은 하나님에 의해서 넋을 잃게 된다. 영혼의 기능들은 인간의 노력 너머에 있는 깊은 고요와 휴식으로 들어가고, 영혼은 하나님의 내주하시는 현존을 분명히 느끼는 채로 남겨진다(5궁방 1,9-11).

눈이 본능적으로 감기도록 하나님은 내적, 심지어는 외적 감각들에까지 침투하신다. 영혼의 심연에서 신적 자아를 껴안으시는 하나님의 경이로움은 의식적인 삶에 넘쳐흐르고, 상황적 자아(contextual self)를 침묵으로 불러들인다. 감각들을 통해서 외부 세계로부터 수집되는 자극들에 의해 정상적인 방식으로 기능하는 대신, 이러한 자아의 외적 차원들은 마치 하나님에 의해서 매혹된 것처럼 되어버린다. 연합의 경험이 지속되는 동안 하나님은 정신(psyche)의 나누어지지 않은 주의 집중을 점유하신다. "이 선함을 방해할 수 있는 상상력도, 기억도, 지성도 없다" (5궁방 1,5). 분심들은 일시적으로 닫히거나 의식의 먼 끝자락에 있어 거의 자각할 수 없게 된다. 하지만 분심들은 그것이 일상의 삶에서 우리에게 영향을 미치는 범위에 있어서만큼은 문젯거리이다. 데레사는 반복적으로 연합의 기도가 하나님의 의지와의 연합을 함의한다는 것을 우리에게 확증한다. 그러한 연합의 완전한 실현은 우리가 7궁방들에 들어가기까지 우리 것이 아님에도 불구하고 가장 명백하며 또한 가장 안전하다(5궁방 3,5).

자기-유지, 자기-확증 그리고 자기-정당화의 경향성들은 하나님의 내주하시는 성령의 사랑스런 초대에의 반복적인 승복의 행동들을 통해 완전하게 변화될 필요가 있다. 우리 안의 많은 것들이 여전히 하나님의 뜻과의 연합을 특징짓는 하나님의 절대적인 사랑과 이웃의 사랑에 저항한다(5궁방 3,7). 인식되지 않은 채, 자기의 이익을 도모하는 우리의 경향성들은 요나가 태양의 광선을 피할 수 있도록 그늘을 제공해 주었던 담쟁이덩굴을 갉아먹은 벌레와 같다(5궁방 3,6).

우리의 자애심, 자존심, 그리고 하찮은 일을 가지고 남을 판단한다든지 이웃을 우리 자신처럼 아낄 줄 모르는 사랑의 결핍이라든지, 이런 것들이 덕을 갉아먹고 있다는 것을 깨닫지 못하는 게 아니겠습니까?(5궁방 3,6)

하나님과의 연합은 모두 사랑에 관한 것이다. 우리를 향한 하나님의 사랑과 우리의 반응하는 사랑은 함께 하나님께서 사랑하시는 것과 같이 우리의 사랑할 수 있는 역량을 크게 한다. 사랑은 우리를 하나님과 같이 변화시킨다. 이는 자아에 대한 관심을 넘어 하나님께서 그들을 사랑하시는 것과 같이, 즉 하나님 자신의 사랑을 가지고 그들을 사랑하는 것이다. 5궁방들에 대한 데레사의 결론은 **"이들의 소원은 오직 하나 당신을 기쁘게 해드리는 것뿐이옵니다"**(5궁방 1,1)의 반복이다. 우리를 향한 하나님의 소원은 분명하다. 그것은 우리가 하나님을 사랑하고 우리의 이웃을 사랑하는 것이다. 이 궁방들에서의 분심들은 사랑을 방해하고 마음의 불안을 야기시키는 자기 중심적인 관심사들을 경고한다. 반면에 하나님과의 연합은 "매우 깊은 평화"를 낳는다(5궁방 2,10). 이러한 평화는 지속적인 선물이며 하나님의 사랑스러운 포옹의 넘쳐흐름이다. 이것은 점차적으로 6궁방과 7궁방에서 깊어진다. 우리는 이러한 깊은 내적 평화로부터 우리를 산란하게 하거나 흐트러뜨리는 것들에 주의를 기울여야 한다. 특별히 5궁방들 안에서 하나님은 하나님을 유념하는 것과 거둔 마음을 초대하신다. 하나님은 감추어진 보물과도 같은 분이시다. 하나님은 영혼을 강하게 하신다.

…그것은 이 숨겨진 보물을 찾을 때까지 파내려갈 것입니다. 진리는 우리의 바로 그 자아 안에 놓여 있는 보물입니다(5궁방 1,2).

보물 사냥에 나선 사람은 당장의 과업에 전념한다. 하나님은 우리의 관심에 대해 절대적인 권리가 있으신 분이다. 연합의 기도를 경험하게 되면 사람들은 종종 그들의 삶의 방식을 하나님께로 향하게 할 뿐만 아니라 그들 자신의 내적 움직임들에게로도 향하기 위해서 급진적으로 삶의 방식을 바꾼다. 데레사가 경고하듯이 하나님과의 연합이 아닌 다른 연합들도 있다. "하찮은 것이라도 사람들이 몹시 좋아하면, 악마가 그들을 반하게 만들 수 있습니다"(5궁방 1,6). 나는 나의 십대의 경험을 즐겁게 떠올린다. 당시 가장 최근에 호감을 갖게 된 한 남자 아이가 내게 그의 첫 번째 자동차를 자랑스럽게 보여주면서, "이건 내꺼야! 이건 바로 내 꺼야!"라고 반복해서 말하며 그것을 순전한 기쁨으로 바라보고 있었다. 기쁨의 황홀함 안에서 그는 그의 자동차와 하나였다.

　데레사가 묘사하고 있는 연합은 그러한 모든 세속적인 기쁨을 넘어선다. "…그 차이는 몸의 거친 외피에 있는 것에 대한 느낌 또는 뼛속 골수에 있는 것에 대한 느낌과도 같습니다." 이 비교에 스스로 만족해 하며 데레사는 "…그리고 그것이 바로 한계입니다. 저는 그것을 어떻게 더 잘 말할 수 있을지 알지 못합니다"(5궁방 1,6). 5궁방들에서의 연합의 기도는 세속적인 기쁨과 다른 종류의 의식에 영향을 미친다. 연합의 기도에서 하나님의 사랑의 에너지는 존재의 뿌리로부터 흘러나와 영혼의 정수를 꿰뚫고 지나간다. 성 밖의 궁방들에 있는 독사들과 도마뱀들은 이 내적 공간에 들어올 수 없다(5궁방 1,5). 그것들이 이 내적 공간에 들어올 수 없음에도 불구하고 우리의 내적 평화를 -제거하지는 못하더라도- 분산시키고 방해하고 동요케 할 수 있다. 이러한 뱀들과 도마뱀들은 여러 가지 모습과 크기로 나타난다. 이 궁방들에 있어서 나는 그것들이 마음의 평화를 방해하고 정신을 기진맥진하게 하는 모든 것이라고 제안하고 싶다. 우리에게 있어 도전은 변함없이 그러한 소요 아래에 놓여 있는 자기-유지, 자기-확증, 자기-정당화의 경향성들에 깨어있는 것이다. 흐르는 시내에 놓인 돌들과 꺾인 나무들과 같이 자기-관심은 우리를 통해 다른 이들에게로 흘러가는 하나님의 사랑을 가로막는다.

여기서 분심들은 오고 가는 생각들 이상이다. 우리의 감정들 또한 우리를 혼란스럽게 할 수 있다. 동요, 불안, 두려움, 걱정, 분노와 같은 것들이 우리를 하나님의 내적 평화를 실현하는 것으로부터 멀어지게 한다. 그러한 동요는 종종 모든 것을 포용적으로 사랑하려는 하나님의 의지와 조화를 이루지 못하는 기복적인 삶의 태도를 나타낸다. 즉 하나님과 삶, 그리고 다른 이들을 향한 기본적이 삶의 태도를 가리킨다.

5궁방들에서 하나님은 계속해서 자기-관심을 움켜쥐려고 하는 우리를 누그러뜨리려고 격려하신다. 자기-관심들은 아마도 조그마한 결과에 대한 오해에 가슴을 동요하게 하고 마음을 열중케 하는 자기를 정당화하려는 대화들을 통해서 그 모습을 드러낸다. 우리는 기회가 나는 대로 일들을 해결하려고 하는 우리의 자기-유지적인 충동을 인식할 필요가 있다. 많은 것들이 기록을 바로잡으려는 우리의 광적인 필요 없이 저절로 해결된다. 결국에 있어서 종종 대수롭지 않은 것들로 판명되지만, 그러나 만약 우리가 하나님과 우리 자신 앞에서 열려 있고 정직하다면 우리의 개인적인 성장을 위해 통찰력을 제공하는 오해들을 감수할 수 있는 능력과 함께 많은 평화가 온다. 우리 마음의 동요에 귀를 기울임으로써, 그리고 그것이 우리를 보다 깊은 차원의 자기-지식과 자기-승복으로 이끌어가도록 하면서 우리는 자신을 불필요한 방어적 반응으로부터, 그리고 아마도 다른 이들에게 상처를 주는 일들로부터 구할 수 있을 것이다.

승복은 추상적인 개념이 아니다. 그것은 우리가 하나님의 사랑 가운데서 보다 더 안정적이 되어가면서 불필요한 자기-정당화를 떠나보내는 것과 같은 매우 구체적인 어떤 것을 보통 의미한다. 하나님의 빛 가운데서 사물들은 다르게 보인다. 선입견을 가진 우리의 태도는 변화의 과정을 지나게 되고, 이는 궁극적으로 우리를 자기-정당화의 경향성들로부터 자유롭게 한다. 그렇게 된다면 우리는 자신을 혹은 우리의 지위를 평화로운 마음을 가지고 지켜낼 수 있게 될 것이다. 우리 자신의 내적 압박감과 조우하는 것은 반응에 대한 우리의 선택을 확장시킨다(5궁방 3,5-6). 방치되어 스며드는 분심의 생각들은 우리 자신 안에서 평화롭고 다른 이들 앞에서 평화로이 현존하지 못하게 한다. 다행히도 우리는 우리의 분심들의 지혜로부터 배울 수 있다. 괴로운 그리고 때때로 고통스러운 분심들은 심연으로부터 주어지는 선물로서 우리를 보다 깊은 차원의 자기-지식과 내적 자유로 이끌 수 있다. 일상의 삶에서 우리의 생각들, 특별히 우리의 감정들과 직접적으로 접촉하는 것을 배우는 과정은 도움을 위해 하나님의 내주하시는 현존으로 향하게 될 때 기도의 순간들을 생기게 할 수 있다. 우리의 분심들이 일으키는 불편들은 노동의 수고와도 같다. 우리의 집착들과 내적 억압들은 해방을 요구한다. 번데기는 나비가 출현할 수 있도록 터져 나올 준비가 되었다. 데레사는 다음과 같이 우리를 격려한다.

그럼, 자매들이여! 어서 빨리 이 일을 시작합시다. 자애와 자기 의지와 지상의 모든 것에 대한 집착을 버리고, 고행과 기도와 극기와 순종, 여러분이 아시는 온갖 선행을 하면서 이 작을 고치를 틉시다 (5궁방 2,6).

개인적인 예

이 궁방들에 대한 데레사의 반추는 어떻게 분심 그 자체가 내 자신의 삶에서 작용하는지 볼 수 있도록 도왔다. 내 스스로가 힘겹고 혼란한 상황을 마음 안에서 반복하고 있거나 분노, 좌절, 두려움 혹은 자기-연민의 감정에 붙들려 있을 때 나의 평정심을 회복하는 방법은 잠시 앉아 조용하게 기도하는 것이다. 나는 내가 느끼고 있는 것들을 진실하게 명명하면서 하나님께 나로 하여금 어떤 잠재적인 자기-파괴적 경향성들이 내 혼란스러운 마음 가운데서 내 몸의 감정적인 반응들의 범람과 함께 조금씩 자라고 있는지 보게 해 달라고 간구한다. 나는 내 몸이 나의 가장 가까운 영적 지도자라고 생각한다. 몸의 감정적인 반응의 방식을 보면서 나는 무슨 일이 벌어지고 있는지 정확하게 명명할 수 있고, 나의 분심의 보다 더 잠재의식적인 메시지들을 알아차릴 수 있다. 나는 하나님께 내가 이러한 혼란스러운 생각들과 느낌들을 넘어 내 안에서는 보다 깊은 포기를 부르짖고 있음을 보게 해 달라고 기도한다. 이렇게 한 수년 동안 대부분의 경우에 있어서 나는 현재의 상황을 더럽히고 있는 어린 시절 경험들의 찌꺼기들을 곧 인식하게 된다. 일단 이러한 현실이 정확하게 파악되면 현재의 상황을 조망할 수 있게 되고, 다시 한 번 내 삶의 이야기들이 안고 있는 숨겨진 문젯거리들을 하나님께 승복하게 할 수 있다. 그리고 그것을 내 자신의 내적 변화에 있어 절대 필요한 것으로서 껴안을 수 있다. 나를 붙들어 매고 있는 것을 기도 안에서 명명할 수 있을 때마다 나는 단지 내적으로뿐만 아니라 당면해 있는 그 어떤 어렵고 도전적인 상황에서도 깊은 평화와 자유를 경험한다.

만약에 어떤 것에 대한 불안이 반복적으로 일어나는 분심의 기원이라면 기도의 조용한 순간 가운데서, 하나님께서 마음을 산란하게 하는 특정한 염려의 상황을 통제하고 계시다는 것을 내게 상기시키심을 느낄 수 있다. 그럼으로써 나는 긴장감을 풀고 통제하려는 나의 충동을 떠나보낼 수 있다. 문젯거리가 무엇이든 간에 그것은 세상의 끝이 아니다. 쉽게 잊어지는 이러한 진리를 단순히 기억하는 것으로부터 태도의 변화가 일어나고, 내가 자발적인 승복 가운데서 긴장을 풀 때 새로운 관점들이 열리게 된다. 비판적인 마음이 보다 더 긍휼어린 이해로 부드러워지면서 나는 상황의 다른 측면들을 보게 된다. 내가 자기-신뢰(자기-의지)와 일을 바로잡으려는 충동에 직면할 때, 나는 내 자신과 상황을 하나님께 넘겨드린다. 이러한 과정은 다시 나를 내 자신뿐만 아니라 다른 이들의 어두운 측면들을 은혜롭게 받아들이는 자리로 이끈다. 이렇게 되면 나는 다시금 나의 어둠을 하나님의 정화하시는 사랑의 불꽃에 넘겨드림으로써 영적 변화로 나아가는 데 있어 이 당면한 시험의 긍정적인 차원들에 대한 통찰력을 얻는다. 이러한 양도의 경험들은 집착의 속박을 가볍게 하고 내적 평화로 이끈다. 계속되는 태도의 회심을 경험하고 하나님께 속하지 않는 것들을 하나님께 넘겨드리는 경험을 하는 것은 우리가 궁방들을 지나 중심에 있는 방들로 보다 더 나아가기를 바란다면 필수적인 것이다.[4]

이러한 경험에 대한 통찰력을 가지고 십자가의 요한은 우리에게 다음과 같은 사실을 상기시킨다.[5]

> 염려는 기도 가운데 있거나 그렇지 않거나에 관계없이 초연한 사람들을 괴롭힐 수 없다. 그러므로 시간을 잃지 않으면서 그러한 사람

---

4) 버나드 로너건은 "자기 초월"이라는 제목의 장에서 이러한 실재(reality)를 언급한다. "하나님에 대한 질문이 우리의 모든 질문 안에 내포되어 있는 것과 같이 하나님과의 사랑 안에 있는 것은 우리의 의식적인 의도성의 기초적인 성취이다. 그 성취는 수치와 실패, 궁핍, 고통, 배신, 유기 등에도 불구하고 지속될 수 있는 깊이 자리잡은 기쁨을 가져다 준다. 그 성취는 세상이 줄 수 없는 근본적인 평화를 가져다 준다. 그 성취는 하나님의 나라가 이 땅에 임하도록 강하게 노력하는 이웃 사랑의 열매를 맺는다. 반면에 성취의 부재는 재미를 추구하는 인생의 하찮음에 이르는, 무자비한 부조리로부터 일어나는 인생의 잔혹함으로의 길을 연다." *Method in Theology* (New York: The Seabury Press, 1979), p. 105.
5) 『가르멜의 산길』 Book 3, p. 303.

들은 쉽게 영적 선함의 풍요로움을 쌓아간다. 그러나 집착된 이들은 그들의 모든 시간을 그들의 마음이 묶여 있는 올가미 둘레를 이리저리 오가는 데 써 버린다. 심지어 아무리 노력을 해도 스스로를 잠시라도 마음의 염려로부터 자유롭게 할 수 없고, 집착되어 있는 것을 거슬러 기쁨을 발견할 수도 없다.

우리의 집착들은 기쁨을 주는 생각들을 만들어 낸다. 그러나 그것들은 또한 우리가 반대에 직면하거나 다른 어려운 상황들에 직면하게 될 때 반복적으로 마음을 산란케 하는 생각들의 올가미의 원인이 될 수 있다. 마음이 초연해질 때 문제는 사라지지 않지만 우리를 괴롭히는 것은 그치게 된다. 참된 염려의 생각과 우리의 자아-욕구 어딘가에 닻을 내리고 있는 생각들 사이의 차이점은 후자의 생각들이 우리를 괴롭힌다는 데 있다. 그것이 바로 분심들이 하는 역할이다. 우리는 그것들로 인해 괴롭고 불쾌해진다.[6] 하지만 이러한 불편한 느낌들은 은혜이다. 하나님은 늘 그러하셨듯이 우리의 집착의 공간으로 들어오셔서 주목을 끌기 위하여 교란하신다. 5궁방들에서 우리의 불편함은 우리를 내적 자유로 초대하시는 하나님의 현존이다. 하나님은 우리가 하나님을 위해서, 궁극적으로 인간의 마음을 만족시킬 수 없는 순결한 것들의 집착에서마저

---

6) 괴롭힘 당함을 느끼는 것은 비록 그것이 오늘날 성적인 희롱을 함축하는 것으로 쓰이지만 바라지 않는 경험을 뜻하는 표현이다.

자유하기를 원하신다. 우리의 결점들과 함께 평안하게 사는 법을 배우는 것과 심지어 우리의 가장 높은 이상을 실현하는 것으로부터 초연해지는 것도 이 궁방들에서는 중요하다.

　십자가의 요한은 많은 덕들이 불완전함과 공존할 수 있음을 우리에게 상기시킨다. 하지만 불완전함으로 인해 "적어도 분심이 비밀스럽게 일어난다"(『가르멜의 산길』 3.22.2). 나는 이 말을 어떤 분심은 매우 미묘하다는 의미로 이해한다. 만약에 우리가 하나님의 내주하시는 현존의 빛 가운데의 반추에서 오는 예리한 자기-지식을 가지고 있지 않다면 이것들을 인식하지 못할 수 있다. 완전하게 하나님 위주가 되기 원하는 우리의 갈망에도 불구하고 불시에 자아 오염이 슬쩍 일어날 수 있다. 다행히도 우리의 인간적인 한계들이 하나님께 문제가 되지는 않는 것 같다. 리지외의 성 데레사는 이것을 잘 이해했다. 그녀에게 "덕을 행하기 위한" 능력과 힘을 얻기를 바란다고 이야기했던 어느 초심자를 그녀는 이렇게 거스른다.

　그리고 하나님께서 당신을 어린아이와 같이 약하고 힘없게 하기를 원하신다고 생각해 보셨나요? 당신은 그것이 하나님의 시각에서 덜 가치 있는 것이라고 생각하십니까? 비틀거림에 혹은 심지어 매 걸음마다 쓰러지는 것에, 당신의 십자가를 연약하게 지는 것에 동의하십시오. 당신의 약함을 사랑하십시오. 당신의 영혼은 만일 당신이 당신의 영혼을 자기-만족과 자만심으로 채울지도 모르는 영웅적인 행동들을 은혜를 받아 열정적으로 수행하는 것보다 그것으로부터 훨씬 더 큰 유익을 얻게 될 것입니다.[7]

나는 내가 내 자신의 한계와 다른 사람들의 한계를 보다 더 잘 수용하게 되면서, 그리고 이러한 것들을 하나님의 정화하시는 사랑의 중심 가운데 내놓게 되면서 사물을 보다 더 긍정적인 빛 안에서 보게 된다는 것을 발견한다. 우리의 태도들이 직접적으로 우리의 감정들에 영향을 미치기 때문에 이러한 보다 긍정적인 관점은 나로 하여금 보다 더 예수님의 사랑의 복음에 합한 결정들을 내릴 수 있도록 한다.

라너의 초연

라너의 초연의 개념은 매우 통찰력이 있고, 하나님을 향한 절대적인 승복이 요구하는 근본적인 초연(detachment)의 필요성에 대한 우리의 이해력을 넓힌다. 그는 데레사와 십자가의 요한이 그러한 것처럼 인간으로서 우리가 항상 우리의 궁극적인 실재인 하나님과의 관계 안에 있다는 중요한 점을 상기시킨다. 라너의 복잡하지만 심오한 사고는 신중하게 숙고할 가치가 있다. 그는 다음과 같이 쓴다.

---

7) John Clarke, OCD 역, *Story of a Soul*(Washington, DC: ICS Publications, 1976), pp. 239-244.

만약에 인간이 항상 유한성을 이해하는 자가 된다면 그의 지식과 그의 자유, 그의 활동 가운데 있는 사적인 것은 정신적인 삶에 대한 피할 수 없는 깨달음 가운데 기본적으로 절대적인 실재, 절대적인 진리와 선을 향한다. 그는 항상 사적인 것을 초월하며 그것으로부터 자신을 분리시킨다. 그는 유한하고 사적인 것을 보다 넓은 지평 가운데 두며, 그 위로 올라 스스로를 그것으로부터 독립적으로 만든다. 그는 사적인 일에 있어 "초연"하다.[8]

로욜라의 이냐시오를 따라 라너는 초연이 우리 삶의 본질적인 과업임을 믿는다. 그의 성찰은 초연을 중요하게 생각하고 있는 가르멜 전통을 뒷받침한다. 그 깨달음은 우리 본성에 있어서 본질적인 어떤 것이다. 이러한 이유 때문에 나는 여기서 데레사에게서 라너에게로 옮겨간다. "초연"에 관한 이 논문에서 라너는 다음과 같은 중요한 성찰을 한다. 그는 우리가 보다 넓은 지평에 반하여 지식과 자유에 있어서 유한하고 사적인 것들을 붙잡고 있음을 일깨운다. 지식과 자유 안에서 우리의 정신적인 삶은 그 자체로 우리의 본성 안에 쓰인 자연적인 동시에 초자연적인 초연이다. 우리 존재의 근원에는 유한하고 사적인 것들의 면전에 있는 초연이 있다. 만약 우리가 초연하지 못하다면 우리는 이것을 잃게 되고

---

8) Karl Rahner의 *The Practice of Faith: Handbook of Contemporary Spirituality*에서 "Indifference to All Created Things"를 보라.(New York: Crossroad, 1986), pp. 214-217.

사실상 우리 자신의 존재를 파괴하는 과정 중에 놓이게 된다. 과업으로서의 초연은 무엇보다도 먼저 보다 더 큰 실재를 향해 열리는 것을 의미한다. 그것은 궁극적으로 하나님을 향한 완전한 개방성을 의미한다. 대신에 우리는 사적인 것을 움켜쥐고 그것을 우리 삶의 신, 우상으로 만든다. 우리는 우리가 머물러 온 자리로부터 쫓겨나기를 원하지 않는다. 우리는 평범하게 된다. 일상의 삶의 부조리하고 사소한 일들이 우리에게 대단하고 중요하며 의미 있는 어떤 것으로 나타난다. 우리는 어떤 것도 빼앗기지 않으려고 한다. 우리는 희생할 수 없다. 우리는 작은 것들을 작은 것으로, 혹은 일시적인 것들을 일시적인 것으로 인식하지 못한다. (이것이 곧 데레사가 특별히 3궁방들에서 묘사했던 경험들이다.) 초연은 우리를 궁극적인 실재인 하나님을 향해 열어놓는다. 깊고 근본적인 이기주의는 이에 반대한다. 우리는 이 특정한 일이 우리를 행복하게 만들어 줄 것이라고 계속해서 생각한다. 초연은 우리를 신비로 이끈다. 우리는 우리가 이해하고 있는 것으로부터 측량할 수 없는 하나님의 심연으로 향한다.[9]

4궁방들과 5궁방들은 모두 우리를 관상기도와 신적 연합의 접촉을 통해 하나님의 심연 가운데로 하나님께서 이끄시는 것에 관한 것이다. 우리는 우리 자신이 아닌 하나님께 속해 있다. 우리가 궁방들을 지나 여행하면서 자기-유지, 자기-확증과 자기-정당화에 대한 인간적인 필요성

---

9) 라너의 전체 논문을 읽는 것은 가르멜 영성에 신학적 인류학적 토대를 제공하는 데 유용하다.

들은 초연에 의해 변화되고 둘러싸이며 극복된다. 라너는 우리에게 이 과정이 절대 끝나지 않음을 상기시킨다. 우리는 절대로 완전히 "초연" 하지 못한다. 우리는 계속해서 그렇게 되어갈 뿐이다. 이것은 그리스도와 매일 죽는 것을 의미할 뿐 아니라 또한 우리 존재의 광휘를 의미한다. 우리보다 크신 하나님은 항상 그 자신을 우리가 극복해 온 것 안에서, 우리가 타협을 이루어낸 것 안에서, 우리가 자유로이 받아들인 것 안에서 새롭게 계시하신다.

라너의 이러한 성찰들은 우리를 다시 데레사에게로 이끈다. 초연에 있어 필수적인 것은 마음의 단순함과 겸손이다. 이것을 데레사는 특별히 5궁방에 있어서 매우 중요한 것으로 본다. 그녀는 수녀들에게 하나님께서 호의를 베푸시는 이가 선한지 악한지에 대해 관심 가짐으로써 분심을 일으키지 말라고 조언한다. 참견할 필요가 없는 것이다(5궁방 1,8). 우리는 하나님에 관한 것이라면 우리 자신의 일에 신경을 쓰고 다른 사람들을 판단하려는 생각에 주의해야 한다.

하나님은 우리와 다른 사람들의 인간적인 한계를 통해 역사하신다. 아주 거룩한 사람들이라 하더라도 종종 불완전해 보일 수 있으며 실제로 매우 불완전할 수 있다. 이것이 하나님께는 문제가 되지 않는 것처럼 보인다. 예수님은 이를 제자들의 얼마전의 배신에도 불구하고 그들에게 용납과 평화를 전하심으로써 보여주신다(요 20:21을 보라).[10]

---

10) 다른 세 복음서 기자들도 비슷하게 서술하고 있다.

"수고하고 무거운 짐 진 자들아 다 내게로 오라"(마 11:28-30)는 예수님의 초대는 영속적인 초대이다. 하나님께 문제가 되는 것은 우리의 비판적인 눈이 하나님께서 그 마음 가운데서 보시는 것을 놓쳤을 때이다. 바리새인은 단지 세리의 죄를 볼 수 있었을 뿐이다. 그는 하나님을 필요로 하는 세리의 겸손한 인식을 보는 데 실패했다(눅 18:9-14). 이 5궁방들 안에서 하나님과의 연합의 경험들을 통해 하나님은 그리스도의 수용적인 사랑의 분량에 맞게 마음을 크게 하기 시작하신다.

지금 이 주제를 이어가기 위해서, 그 의미에 있어서 복잡성을 수반하고 있는 분심들의 미묘함과 다른 궁방들에서와 마찬가지로 반복적으로 분심을 일으키는 생각들은 우리를 보다 깊은 포기로 초대한다. 그것들은 또한 우리가 다루어야 하는 것들, 즉 우리의 주의를 요하는 문제들에 대한 우리의 회피를 경고한다. 자녀들의 안위에 대한 책임을 가진 부모들과 혹은 공공선에 대한 책임을 지고 있는 권위를 가진 사람들은 반복되는 분심들 가운데서 그들이 내버려두려고 하는 경향성이 있음에도 불구하고 책임 있는 행동으로 그들을 부르시는 하나님의 음성을 발견할 수 있다. 분심의 생각들은 우리가 무시하기 원하지만 주목해야 할 필요가 있는 문제들을 강하게 일깨운다. 데레사는 우리에게 하나님과의 진정한 연합이 있는 곳을 상기시킨다.

그리고 우리 의지가 하나님의 뜻과 정말 합일이 되었으면, 의심할 여지없이 이 승리는 가능한 것입니다. 이것이 바로 내가 평생을 두고 바라는 합일이요, 이것이 바로 내가 항상 우리 주께 비는 합일입니다. 가장 분명하고 안전한 길입니다.

하지만 슬프게도 여기까지 도달한 사람이 우리 중에 몇이나 되겠습니까? 스스로 몸을 지켜 하나님을 안 거스른다 하고 수도원에 들어왔으니 할 일은 다한 것같이 여기지마는, 아직도 누에는 살아 있는 게 아닙니까? 마치 요나의 박넝쿨을 갉아먹던 벌레와 같이(욘 4: 6-7참조) 우리의 자애심, 자존심, 그리고 하찮은 일을 가지고 남을 판단한다든지 이웃을 우리 자신처럼 아낄 줄 모르는 사랑의 결핍이라든지, 이런 것들이 덕을 갉아먹고 있다는 것을 깨닫지 못하는 게 아니겠습니까? 기껏 한다는 노릇이 죄짓지 않으려는 것뿐이라면, 하나님의 뜻을 완전히 받아들이기에 필요한 그 마음가짐에는 너무나 먼 것입니다(5궁방 3,5-6).

하나님의 의지와 연합되어 있으려는 우리의 미약한 노력들은 영혼 안에 있는 모든 것, 심지어 어둡고 벌레 갉아 먹어버린 것까지도 변화시킨다. 데레사는 말하기를 우리가 해야 할 것은 자기-사랑, 자기-의지와 애착을 제거하는 것이라고 한다(5궁방 2,6). 다시 말해서 우리는 우리의 자기-유지, 자기-확증과 자기-정당화에 대한 과도한 욕구를 제거해야 한다. 우리는 제럴드 메이가 말하고 있듯이 자기 고집(willfulness)에서 자발성(willingness)으로 옮겨가야 한다.[11] 그러한 변화가 없다면 하나님과의 연합에 있어서 요구되는 완전한 승복은 일어날 수 없다.

창조성의 장소

5궁방의 장소들은 창조성의 장소들이다. 하나님과의 연합의 경험은 비록 일시적일지라도 하나님의 창조적인 에너지가 영혼을 지나 흐르면서 인간의 창조성을 일깨운다. 데레사는 이 실재를 애벌레가 고치에서 나비가 되어 가는 과정의 이미지를 사용하여 묘사한다. 그녀의 자연의 신비에 대한 민감성은 5궁방 2,1-4에서 어떻게 작은 누에가 아름다운 나비가 되어 가는지 열정적으로 설명하고 있는 데에서 반영된다. 시간이 지나면, 고치는 성장하는 나비에 비하여 너무나 작아지게 된다. 이것은 영의 영역에 있어서도 마찬가지이다. 자기-사랑, 자존감 등의 특성을 가지고 있는 우리의 비좁은 자아 정체성은 그리스도의 형상으로 완전히 변화되기 위해서 확장될 필요가 있다. 나비로 상징된 새로운 행동들과 존재의 양태가 출현하게 되도록 우리는 방어와 중독의 껍질을 내놓을 준비가 되었다. 그러한 변화는 참으로 경이롭지만 영혼에게는 여

---

11) Gerald May, *Will and Spirit: A Contemplative Psychology* (San Francisco, CA: Harper & Row, 1983). 이 책에서 제럴드 메이는 자기 고집에서 자발성으로, 심리적인 관점에서 영적인 관점으로 옮겨가는 과정을 전개한다.

전히 이루어야 할 많은 것을 남긴다. 나비는 깨지기 쉬운 아름다움이다.[12] 그럼에도 불구하고 연합의 접촉은 비록 일시적이라고 하더라도 내적 여정에 있어서 중요한 순간들이다. 사실 그로 말미암은 변화로 인해 데레사는 다음과 같이 그 경이로움을 말한다.

> … 변모된 그 영혼조차 제 자신이 어떻게 되어 가는지를 모르는 것입니다. 하지만 시꺼먼 번데기와 하얀 나비가 다르듯이, 그러한 변모가 여기에서 이루어지는 것입니다(5궁방 2,7).

이것이 라너의 초연이 말하고 있는 것이다. 영혼은 이제 심오한 경험에 의해서 피조물들이 참된 안식을 줄 수 없다는 것을 안다(5궁방 2,8). 새로운 의식이 자리를 잡으며 세속적인 욕망들은 새로운 관점을 얻는다. 그리스도께로의 투명성은 자기-점유 및 그리스도 안에서의 삶과 조화될 수 없는 세속적인 실재들에 의한 점유로부터의 자유를 가능케 한다. 그리스도는 그리스도께서 그들을 사랑하시는 것과 같이 다른 이들을 사랑하고자 하는 열정을 주입하신다. 데레사는 "…수년 전 -혹은 심

---

[12] 수도원에서 우리는 때때로 왕나비(monarch butterfly)의 알을 천적으로부터 구출한다. 조그마한 벌레가 나타나고 금관화(milkweed)를 먹는다. 때가 되면, 벌레는 껍질에서 나와 번데기의 형태를 갖춘다. 번데기 안에서 조그마한 나비가 성장하는 것을 볼 수 있다. 번데기가 갈라지고, 다채로운 색깔의 왕나비가 나와 날개를 펼칠 때는 놀라운 순간이다. (어쩌면 우리의 것들?) 나비가 배고픈 새의 점심이 되는 것을 보는 것은 가슴 아픈 일이다. 나비는 실로 "깨어지기 쉬운 아름다움"을 지니고 있다.

지어 수일 전-이 영혼은 자기 자신을 제외한 그 어떤 것에도 신경 쓰지 않았다"(5궁방 2,10-11)라고 말한다.

연합의 교제는 사회적 변화에 있어서 중대한 함의를 갖는다. 반사적으로 우리가 살고 있는 소비자 중심, 성공 지향주의적인 분위기는 인간 행복에 있어서 최종적인 권리를 잃어버린다. 이제 우리는 피조물들이 우리에게 참된 안식을 줄 수 없다는 것을 경험으로 안다(5궁방 2,8). 새로운 의식이 자리를 잡으며 세속적인 욕망들은 새로운 관점을 얻는다. 인간 삶의 종국은 하나님 안에서의 영원한 삶이다. 하나님의 사랑은 하나님께서 그들을 사랑하시는 것과 같이 다른 이들과 동시에 하나님을 향한 깊은 갈망을 일깨운다. 의식의 연속적인 흐름 가운데서 표현될 수밖에 없는 마음의 생각들은 자기에게 보다 덜 점유되고 있음을 드러내고 다른 이들의 안위를 더욱 신경 쓰게 된다.[13] 왜? 하나님께서 영혼을 포도주 저장소로 이끄시고 그 안에 적절하게 자비를 두시기 때문이다. 이러한 심오한 경험의 열매는 항상 데레사가 5궁방 3,10-11에서 강조하고 있듯이 선한 행실들이다. 그녀는 우리가 자기-점유적인 생각들이 나타날 때 이를 다룰 수 있도록 돕기 위해 강하게 권면한다. 그녀는 다음과 같이 쓴다.

---

13) Antonio Damasio, *The Feeling of What Happens: Body and Emotion in the Making of Consciousness* (San Diego, New York, London: A Harvest Book of Harcourt, Inc., 1999).

일체를 그분께 맡기십시오. 여러분의 힘이 닿는 데까지 힘을 쓰고 또 쓰면, 바라는 그 이상으로 주께서 힘을 주실 것입니다. 혹시 권리 침해를 당하는 수가 있더라도 매사에 여러분의 마음을 자매들의 마음에 맞추도록 애쓰고, 본성이야 발버둥을 칠망정 여러분의 이익을 희생하면서 남을 위해 주십시오. 그리고 기회가 있을 때마다 남의 짐을 덜어서 스스로 져주십시오. 이런 일들이 별로 어려울 것 없다든지, 스스로의 힘으로 해치울 수 있다든지 하는 생각일랑 아예 마십시오. 다만 생각할 것이란 임께서 우리에 대한 사랑 때문에 그 얼마나 고생을 하셨으며, 우리를 죽음에서 건지시고자 십자가의 그 아프신 죽음을 당하셨다는 사실입니다(5궁방 3,12).

데레사가 정확하게 지적하고 있듯이 그리스도를 따르는 자들로서 행함은 주님이 바라시는 바이다. 만약 어떤 수녀가 아프다면 그녀를 쉬게 하고, 그 쉼으로 그녀가 신앙심을 잃을까 염려하지 않아야 한다. 만약에 그녀가 고통 가운데 있다면 이를 함께 느끼고, 필요하다면 그녀가 먹을 수 있도록 금식도 해야 한다.

이것이 바로 당신의 뜻과 하나가 되는 진정한 합일인 것입니다. 그리고 누가 칭찬받는 것을 보거든 여러분 자신이 칭찬받는 이상으로 기뻐해 주십시오(5궁방 3,11).

분심들은 자기를 내줄 수 있는 자유의 정도와 타인을 위하는 능력의 정도를 알려주는 데 도움이 된다. 실제적인 삶의 상황에 있어서 다른 이들을 위해서 존재하는 것에 관한 데레사의 충고가 당신에게 강요의 느낌이나 분노의 생각들로 가득 차게 하는가? 그러한 생각들은 우리 안의 가장 참된 것들에 대한 반향이다. 분노의 생각들을 아는 것은 우리의 자기만족을 거스르게 할 수 있지만, 하나님과 그리고 우리의 가장 참된 자아와 더 깊이 연합하는 길을 알려줄 수도 있다. 이러한 감정들을 알지 못하고 돌보지 않는 것은 우리를 새롭게 재창조하셔서 데레사와 같이 우리 또한 우리 가운데 일어난 변화를 발견하며 경이로움을 느낄 수 있게 하는 하나님의 신적 에너지를 가로막는다. 우리는 과정 가운데 있는 피조물이다. 하나님은 우리와 아직 끝나지 않으셨다. 그리스도께서 우리에게 필요로 하시는 전부는 그분이 우리의 약함을 강함으로 바꾸시는 동안 성장의 고통을 기꺼이 참아내려는 마음이다.

이리하여 우리의 일을 거의 도맡아서 하신 당신은 하찮은 우리의 수고를 당신이 치르신 그 엄청난 고통과 합쳐서 하나가 되게 하시는 것입니다(5궁방 2,5).

데레사는 하나님과의 연합의 본질이 영혼에 미치는 영향을 묘사하기 위해 애쓴다. 아가서에 있는 "그분은 나를 깊은 포도주 저장고로 이끄셨습니다"라는 신부의 노래는 데레사로 하여금 그것이 그녀의 삶에 있어서 어떤 의미였는지를 묘사할 수 있도록 도왔다. 그녀는 계속해서 다음과 같이 말한다.

> 나는 저 잔칫집을 주님이 원하실 때, 원하시는 대로 우리를 데려다가 두시는 그 자리로 풀이하고 싶습니다. 거기는 우리가 아무리 애를 써도 우리 힘으로는 못 들어가는 곳입니다. 당신이 몸소 그리로 들어가시고 우리 영혼의 중심에 계시려 않으시면 쓸데없는 일이 됩니다 (5궁방 1,12).

우리는 오직 하나님과의 연합을 통해서 우리의 가장 깊은 자아에 접근할 수 있다. 우리 측에서의 내적인 노력으로는 할 수 없다. 데레사의 이미지를 빌리자면, 우리는 단지 신적 흔적이 아로새겨질 수 있는 부드러운 밀랍이 됨으로 우리 자신을 내놓을 수 있을 뿐이다(5궁방 2,12). 이 얼마나 정신과 영혼 사이의 관계에 대한 놀라운 통찰인가. 우리의 가장 깊은 부분인 내적 심연은 오직 하나님과의 믿음의 관계를 통해서만 접근 가능하다. 우리를 인간의 보다 더 깊은 곳으로 이끄시는 분은 하나님이시다. 하나님과의 믿음의 관계성인 신비주의는 완전한 인간의 발달에 필수적이다. 일치의 경험들은 그것이 우리를 사랑할 수 있는 인격으로 형성하도록 돕기 때문에 인간의 삶에 있어서 결정적이다. 하나님과의 연합의 열매는 항상 그리스도와 그리스도의 사랑의 복음을 향한 더 깊은 헌신이다. 개인의 변화는 사회의 변화에 필수적이다. 그러한 진정한 사랑의 부재가 공동체의 삶을 침식시키고, 결혼을 깨뜨리며, 우정을 약하게 하고, 정치적 삶에 있어서의 청렴함을 잃게 하기 때문이다.

다시, 우리의 벌레들이 나비가 되기를 저항할 때 그것들은 요나에게 그늘을 제공했던 담쟁이덩굴을 갉아 먹어버린 벌레와 같이 행동하게 된다. 요나의 담쟁이덩굴은 피상적인 안락함이다. 우리 삶에 있는 벌레들은 훨씬 더 파괴적일 수 있다. 나비가 되어 가는 작은 벌레와 같이 변화의 과정에 필수적인 것이 되는 대신에 이 벌레들은 덕(德)들을 갉아 먹어버린다. 데레사는 다음과 같이 반복한다.

> 우리의 자애심, 자존심, 그리고 하찮은 일을 가지고 남을 판단한다든지 이웃을 우리 자신처럼 아낄 줄 모르는 사랑의 결핍이라든지, 이런 것들이 덕을 갉아먹고 있다는 것을 깨닫지 못하는 게 아니겠습니까? 기껏 한다는 노릇이 죄짓지 않으려는 것뿐이라면, 하나님의 뜻을 완전히 받아들이기에 필요한 그 마음가짐에는 너무나 먼 것입니다(5궁방 3,6).

5궁방 3장 전체와 4장에서 계속되고 있는 자기-지식에 대한 데레사의 계속되는 강조가 지닌 특성은 우리를 이 방향으로 이끈다. 그녀는 선한 빛을 한 악마가 지성을 어둡게 하고 의지의 열정을 식혀버림으로써 우리를 속이는 방법을 보여준다(5궁방 4,8). 우리가 살펴본 것처럼 **자비의 식어짐**은 첫 번째 궁방들에서 특징적으로 나타난다. 그 가장 극단적인 형태는 우리가 다른 사람들을 차갑게 대했기 때문에 우리를 우리의 목에까지 얼음을 채울 얼어붙은 지옥의 호수로 끌고 간다.

성서 주석 교수인 월터 윙크(Walter Wink)는 성경에 나타난 악마와 귀신들에 대해 매우 통찰력 있게 썼다. 그는 그 모든 것들을 내쫓는 가장 좋은 방법이 사랑을 받아들이는 것이라는 입장을 견지한다. 두려움은 악마에게 권세를 주고 우리로 하여금 우리를 속박하는 것들을 숭배하도록 이끈다. 우리가 자신의 내적 어둠을 궁극적인 것으로 여길 때 우리 자신의 쇠사슬에 얽매여 버린다. 윙크가 라이너 마리아 릴케(Rainer Maria Rilke)를 인용하며 제안하고 있는 것처럼, 아마도 우리를 두렵게 하는 모든 것들은 그 존재의 가장 깊은 곳에서 우리에게 도움을 청하는 무기력한 어떤 것일 것이다.[14]

데레사는 악마의 두려움에 대한 그녀 자신의 해결책을 제공한다.

우선 끊임없이 하나님께 빌어서 우리를 당신 손으로 붙들어 줍소사 할 것, … 절대 우리 자신을 믿지 말 것-이것은 미친 짓이기에-입

---

14) Walter Wink, *Unmasking the Powers: The Invisible Forces That Determine Human Existence* (Philadelphia, PA: Fortress Press, 1986), p. 57.

니다. 무엇보다도 각별히 조심하고 마음을 쓸 것은 우리가 어떻게 덕에 나아가고 있는가를 살피는 일이니, 한 걸음이나 나아갔는지, 아니면 어떤 점 특히 서로의 사랑이나 자신을 가장 낮은자로 자처하려는 마음, 그리고 나날의 의무를 다하는 점에 퇴보하는지를 살펴야 할 것입니다. 이렇게 해나가면서 주께 빛을 빌기만 하면 그 진보나 퇴보가 저절로 드러날 것입니다(5궁방 4,9).

데레사에 따르면 우리의 영성 훈련의 진정성과 영적 성장에 대한 가장 확실한 표지는 이것이다.

…우리가 이웃 사랑을 어떻게 하고 있는지… 사랑만 완전히 하고 있다면 이것으로서 할 일은 다했다고 봅니다.… 사랑도 하나님의 사랑에 뿌리를 박지 않는 한, 절대로 우리는 이웃을 완전히 사랑할 수 없는 것입니다(5궁방 3,8-9).

하나님과의 연합의 열매는 항상 이웃에 대한 사랑이다. 그리고 이웃에 대한 진정한 사랑은 항상 하나님과의 연합에 초점이 맞추어진다. 데레사는 5궁방에 대한 그녀의 논의를 이웃을 사랑하는 것에 대해 보다 더 성찰함으로써 마친다. 하나님과의 연합의 경험들은 전체적인 조화, 즉 하나님과의 연합뿐만이 아닌 이웃과의 조화, 궁극적으로 인종과 계급에 대한 편견이 없는 지구 공동체와의 조화를 낳는다. 우리 인격의 모든 측면은 하나님과의 연합을 향해 나아간다. 그것이 인간 마음의 움직임이다. 분심들은 이러한 실재를 향한 정보와 에너지를 지닌다. 그것들은 계속해서 분심의 생각들을 일으키는 감정들에 대한 통찰을 제공하는 매개물이다. 감정들은 그것들이 몸 가운데서 일으키는 느낌들 말고는 다른 목소리를 가지고 있지 않다. 분심의 생각들은 종종 알지 못하는 감정들의 목소리이다. 그것들은 내적 자아의 메신저들이다. 그 자신의 특별한 모습으로 감정들을 형성하는 에너지, 분노와 상처 혹은 질투와 같은 에너지들은 몸의 변화를 통해서뿐만 아니라 마음에서 계속해서 일어나는 생각들을 통해서도 의식화될 수 있다. 분심의 생각들은 의식적으로 인식되기를 기다리는 억압되거나 확인되지 않는 감정들의 목소리일 수 있다. 그것들은 정당한 대우를 원한다. 우리의 의식적인 삶 가운데서 보다 더 큰 통합을 이루기 위해 그 목소리가 들려지길 원한다.

  분노는 실재적이거나 가공의 위험을 직면하고 있는 다른 사람들과 우리 자신을 보호할 것을 요청하는 것일 수 있다. 분노는 우리가 잃어버린 고귀한 어떤 것을 회복하도록 초대할 수 있다. 우리 삶에 있어서 무엇이 회복될 필요가 있는가? 무엇이 보호받을 필요가 있는가? 슬픔은 우리에게 더 이상 유효하지 않은 관계, 신념, 직업과 같은 어떤 것을 멈추고 흘려보내도록 요청할 수 있다. 각각의 감정은 그 자신의 메시지를 가지고 있다. 비탄은 우리를 생명의 강으로 더 깊이 들어가도록 초대하며, 우리가 사랑하고 가치를 두었던 것들을 떠나보내는 것에 대해 진정으로 탄식하도록 초대한다. 만약에 우리가 그 여정을 따르지 않는다면 우리는 하나님을 중심에 둔 완전한 삶으로 이끄는 승복의 깊이로 나아갈 준비가 되어 있지 않은 것이다. 비탄은 깊고 심오한 상실의 경험 가운데서 우리를 삶과 다시 연결시킨다. 그것은 영혼을 비워내어 사랑하는 사람으로서 보다 더 넓어질 수 있게 한다. 우리가 비탄의 강을 빠져나올 때, 비통과 분노의 찌꺼기로부터 씻김 받고 그로 인해 더 많이 사랑할 수 있는 능력을 가지고 나온다.[15] 나는 이 분심들이 단지 그것들을 통해서 내게 말씀하시는 하나님의 말씀으로 귀 기울이는 것을 소홀히 할 때에만 나를 괴롭힌다는 사실을 알게 되었다.

요약

일시적으로 하나님과의 신비적인 연합을 경험하는 5궁방들은 영혼과 하나님이 바다와 물방울과 같이 분리될 수 없는 7궁방들과는 차이가 있다. 그럼에도 불구하고 우리가 살펴본 것과 같이 이 5궁방들은 현저한 성장과 창조성의 장소이다. 이 궁방들에서의 분심들은 그 자체로 자기-지식을 위한 구체적인 초대를 담고 있다. 때때로 분심이 일으키는 불안

---

[15] 나는 Karla McLaren의 오디오 테이프 *Emotional Genius: How Your Emotions Can Save Your Life*의 리뷰에 감사한다. 이 자료는 The Sounds True 카탈로그 4-5쪽에서 찾을 수 있다.

과 소요(disturbance and unrest)가 그리스도 앞으로 나오면 그 자체로 영혼의 어두운 영역의 출입문을 여는 해석학적 열쇠가 될 수 있다. 이것이 없이는 하나님께서 영혼에게 다가오실 수 없다. 데레사가 우리에게 이야기하듯이 하나님은 모든 것이 하나님을 향하기를 원하신다(God wants everything for God). 여기서 우리의 저항에 아랑곳하지 않으시고 하나님은 영혼을 연합의 만남을 통해 7궁방의 항구적인 일치로 이끄신다. 이 5궁방들 가운데서 우리는 영혼의 포도주 저장고에 인간적인 노력을 통해서는 다가갈 수 없다는 것을 경험으로 배운다. 우리를 안으로 이끄시는 분은 하나님이시다. 영혼의 이러한 깊은 동굴로 들어가는 것은 관상적인 경험이다. 데레사에 따르면, 그리고 우리 전통에 있는 모든 신비가들에 의해서 확증되었듯이, 하나님과의 사랑의 관계는 우리의 가장 깊은 중심에 이르는 열쇠이다. 하나님과의 기도-관계는 완전한 인간 발달을 위해 필수적이다. 신적인 무조건적 사랑을 경험하면서 인간의 사랑의 한계는 펼쳐지고 확장되기 시작한다. 우리는 덜 분산된 자기-점유를 가지고 하나님 자신의 사랑으로 다른 이들과 우리 자신을 사랑하기 시작한다.

제6장

제6궁방

…축복받은 영들을 정화하고 조명하는 지혜는 여기 지상에 있는 영혼을 정화하고 조명한다(『어둔 밤』 25.1).[1)]

어둔 밤에 대한 십자가의 요한의 가르침을 배경으로 우리는 제6궁방에 있는 분심의 의미들로 우리의 주의를 돌릴 수 있다. 이 6궁방은 데레사의 상당한 관심을 끌고 있다. 1궁방은 두 개의 짧은 장으로, 또 2궁방은 단 한 개의 장, 3궁방은 다시금 두 개의 장을 가지고 있고, 4궁방은 세 개의 장으로 되어 있다. 데레사의 경험이 더 깊은 차원으로 나아감에 따라 장들도 늘어난다. 5궁방은 네 개의 장으로 되어 있으며, 6궁방은

---

1) 『어둔 밤』 2.3.3; 5.1; 6.5; 8.3을 참조하라.

열 한 개의 장으로 확장된다. 7궁방은 다시금 네 개의 포괄적인 장들로 되어 있는데, 이 궁방은 영혼의 중심이신 하나님으로 향하는 전 여정을 이해하는 데 매우 중요하다.

6궁방의 역동은 우리라는 신비를 알게 하시려는 하나님의 초대에 집중되어 있다. 우리는 하나님의 기쁨이다. 하나님은 우리 안에서 기뻐하신다.[2] 하나님의 호의가 이 6궁방에서 넘쳐나지만 시련도 마찬가지로 넘쳐난다. 그것들이 없는 삶은 거의 존재하지 않는다. 그러나 데레사는 시련들이 변화의 과정에 얼마나 없어서는 안 되는지를 보여준다. 시련들은 데레사로 하여금 자신의 한계를 넘어서서 신성한 결혼으로 이끌림 받게 하는 수단들이 되었다. 시련과 호의 사이의 상호 작용은 6궁방에서 나타나는 데레사의 변화의 특징이다. 자신의 삶의 경험으로부터 데레사는 우리들에게 시험들이 어떻게 점점 더 집중된 내면성으로 이끄는지를 보여준다.

많은 사람들이 기도의 집으로 더 깊이 들어가기를 원하지만 그들은 어떻게 그 길에 참여하는지를 모른다. 그들에게 있어서 시련들은 보다 깊은 실재들로의 접근이라기보다는 단지 닫힌 문으로밖에 보이질 않는다. 영혼의 동화(soul assimilation)를 통하여 시련들은 한 사람이 "자신이 그것을 하고 있을 때에 자신이 하고 있는 것을 알게 하는 것뿐 아니라

---

2) 이사야 62:4. 데레사의 글 속에 나타나는 몇몇 예는 *Spiritual Testimonies* 10번과 49번을 참조하라.

그것이 일어나는 동안에 무엇이 일어나는지에 대한 의미를 이해할 수 있도록 한다."[3] 하나님께 현존함으로 자신의 진정한 자아에 보다 더 조명된 현존을 통해, 우리는 영적 변화를 위하여 시련이 얼마나 중요한지를 인지하게 된다. 우리는 지나고 나서가 아니라 바로 지금 여기에서 이 특정한 시련의 온전한 의미를 보게 된다. 그뿐 아니라, 친밀한 그리스도-인식을 통하여 시험에 대한 우리의 자세가 일반적으로 변하게 된다. 그러므로 이 궁방에서 데레사는 그녀가 받은 환상이나 음성이 들려옴과 황홀과 같은 기도의 특별한 은사들에 초점을 두는 반면에, 이 호의들에 대한 묘사와 함께 기도 중에 받은 은사들의 직접적인 결과로서 종종 그녀를 괴롭히는 많은 시험들에 대한 묘사가 뒤섞여 나타난다. 데레사에게 있어서 그녀의 시련들은 영적 의미의 깊은 차원을 열리게 한다. 이로써 그녀는 확신 있게 주장할 수 있다.

> 이와 같은 큰 고통은 영혼이 제7궁방에 들어설 무렵에 다른 여러 가지 고통과 함께 있기 마련입니다…. 이러한 시련들이 저 비둘기를 더욱 높이 날게 만들어 줍니다(6궁방 1,15; 2,1).[4]

---

3) Bernard Lonergan, *Method in Theology* (London: Darton, Longman and Todd, 1971). 여기서 로너건은 내면성의 과정에 관하여 많이 언급하고 있다. 그의 도덕적, 지적, 종교적 회심의 단계(levels of conversion)는 인생의 시험들에 관한 깊은 이해를 말하고 있다.
4) 6궁방, 1,1에서 데레사는 하나님이 더 큰 호의를 주시려 할 때 어떻게 더 큰 시련(trial)이 오는가에 대해서 논하고 있다. *Spiritual Testimony* 58 no. 5에서 그 과정은 반대로 더 큰 시험이면 더 많은 은혜를 받는다.

하나님과의 친밀함

데레사의 삶에서 시련의 정황은 하나님께서 데레사를 더욱더 심오해지는 친밀함의 경험으로 구애하시는 것이다(6궁방 2,1-2). 이런 이유 때문에 나는 데레사가 이 6궁방에서 묘사하는 현상을 우리 삶의 평범한 일상 안에서 심리적이고 신체적인 현상으로까지 넘쳐나기에 이르는 하나님의 한결같은 자기 소통의 강화로서 접근한다.[5] 하나님은 심오한 애인이시기 때문에 우리 삶의 매 순간은 사랑스런 교환을 위한 하나님의 영구적인 구혼이다. 하나님의 자기 소통은 덜 극적인 방식으로 우리들에게 다가올 수 있고, 데레사가 경험한 것보다 덜 강렬하게 올 수 있다. 그럼에도 불구하고 우리를 추구하시는 하나님은 항상 현존하시는 실재이

---

[5] Ruth Burrows, *Interior Castle Explored* (London and Dublin: Sheed & Ward/Veritas Publications, 1982)를 참조하라. 루스 버로우(Ruth Burrow)는 여기서 그 자체로는 비경험적인 신비기도를 인정한다. 버로우는 신비기도에 동반되는 어떤 초자연적인 경험 수준의 현상들을 신비기도의 정수로부터 단절시킨다. 그러나 그녀가 매우 실재적이고 유익한 차이점들을 드러냈음에도 불구하고, 나는 신비적 은총과 데레사가 경험한 현상 사이의 관계가 버로우가 말하는 것처럼 "켜고(light on)/끄고(light off), 민감하고(sensitive)/민감하지 않고(non-sensitive)"와 같이 분류하는 것보다는 훨씬 복잡한 것이라고 믿는다. 이것은 전통적인 신비 신학과 더불어 대화하는 현대 과학의 빛 아래 더 많은 연구가 요청되는 분야이다. 마이클 탈봇(Michael Talbot)은 *The Holographic Universe*(San Francisco: Harper/Perennial, 1991)의 "한 주머니의 기적들"(A Pocketful of Miracles)이라는 장에서 기적들과 다른 인적/정신적/영적 현상을 심리-운동성(psycho-kinesis)의 관점으로 바라보고 있다. 이러한 연구를 위해 도움이 되는 다른 최근의 자료들이 있을 수 있다.

[6] 마크 매킨토시(Mark McIntosh)는 라너의 초월성에 관한 연구에서 다음과 같이 기록한다. "하나님께서 우리와 교통하기를 원하시기에 우리는…." 라너의 관점에서는 결코 단순히 인간의 본성

다.[6] 데레사의 모든 글들이 흔히 우리를 우리 존재의 가장 깊은 차원에 관여하게 하지만, 이 궁방은 실로 우리들과 의사소통하시는 그 하나님을 향한 열정적인 갈망을 일으킨다.

『영혼의 성』 전체는 사랑의 이야기인데, 6궁방에서 그 사랑의 드라마는 최고조에 이른다. 여기에서 데레사는 자신을 추구하시는 하나님, 하나님의 형상과 닮음으로 만들어진 우리 모두를 추구하시는 하나님의 계속되는 이야기를 자세하게 묘사한다.[7] 제한된 능력을 가진 우리의 유한한 자아는 하나님께 응답하여 점점 더 하나님의 사랑의 포옹에 순복함에 따라 초월을 실현하게 된다. 연인이신 하나님은 신적인 호의로 사랑하는 이에게 구애하신다. 그 과정에서 하나님께 속하지 않은 모든 것이 영혼의 눈앞에 분명하게 드러난다. 하나님은 우리가 여전히 집착하는 것들의 덩어리를 조명함으로써 하나님을 위한 공간을 만들고 계시다. 하나님은 영혼의 불완전성과 죄악된 성향의 고통스러운 경험을 통해서 영혼을 더 깊은 겸손과 영의 자유로 이끄신다.

그 자체만이 있지 않는다. 왜냐하면 하나님의 자기 계시의 영원한 반향이 늘 우리 안에 있기 때문이다. 그리고 우리 안의 이 반향은 인간 존재의 근본적인 구조로서 우리를 부르는 신비와 우리 자신의 의식 안으로 더욱 깊이 우리를 이끈다. 발타사르(Von Balthasar)의 인용에 따르면 매킨토시는, "그리스도의 사명에 참여하는 우리의 진정한 사명을 발견하는 한에서 우리는 진정으로 하나님께서 창조하신 사람의 모습으로 되어진다"고 말하였다. *Mystical Theology* (London: Blackwell Publishers, 1998), p. 93.

7) 1궁방 1,1, 또한 『완덕의 길』 ch. 42. No. 6을 참조하라.

어둠의 방들

여기는 쉬운 시간이 아니다. 비록 6궁방이 약혼한 사랑의 장소이지만, 이곳은 또한 어둔 밤의 방들이다. 신적 현존의 찬란함은 보호되지 않은 눈에 비치는 정오의 태양처럼 영혼의 눈을 멀게 만들며, 하나님을 덮는 어둠의 장막을 씌워버린다. 이 신적 찬란함의 현존은 그 밝음으로 영혼 안에 있는 죄악의 모든 잔존물을 적나라하게 보여주지만 하나님의 얼굴을 가린다. 데레사는 하나님께서 영혼을 정화하시는 많은 방법들을 자세하게 표현해 준다. 그녀 자신의 어둔 시기에 대한 묘사는 추상적인 개념에서가 아니라 바로 각 개인 삶의 일상 안에서 정화가 일어나는 현실을 가리킨다는 점에 있어서 중요하다. 그녀가 묘사하는 것은 그녀 자신만의 독특한 경험이지만, 그것은 현대의 상황이나 상호 인격적인 관계성 안에서 쉽게 해석된다. 데레사가 경험한 가혹한 판단과 비판 그리고 오해들은 그녀만의 유일한 것은 아니다. 우리가 앞으로 더 보게 될 것인데, 그녀가 기도 가운데 자신의 투쟁과 이것들이 어떻게 그녀에게 감정적으로 영향을 미쳤는지에 대해서 묘사하는 6궁방 1장 13절에서 나타난 것과 같은 그녀의 몇몇 이해할 만한 반응들도 그녀에게만 해당하는 것은 아니다.

호의와 시련의 상호 작용

　데레사는 시련들이 기도의 삶에서 중요한 역할을 한다는 사실을 우리가 깨닫도록 도우려는 일에 전념하는 것처럼 보인다. 다시 말해서 우리가 어둠을 포용하는 것은 신적인 연합을 향한 여정에서 결정적이고 중요한 움직임이다. 호의와 시련 사이의 상호 작용은 6궁방을 탁월한 역설의 공간들로 만든다. 여기에서 금강석으로 된 영혼의 성은 그리스도 안에서 하나님의 친밀한 현존의 정화(polishing)를 경험한다. 사랑의 정화하는 불은 신적인 영역 밖에 머물고자 하는 우리 자신의 주위와 내부에 있는 모든 것들에 불을 붙인다. 우리 영의 깊은 곳에서 하나님의 유입에 저항하는 것들은 무엇이든지 간에 정화되고 변화되고 있다. 우리에게 구애하시는 하나님은, 하나님을 위해 우리를 정화시키시는 동일한 분이시다. 내적인 눈은 각성되고 있으며, 기도 중의 어둠과 육체적 고통 그리고 어려운 삶의 상황들과 유혹의 고통들이 부활하신 그리스도의 에너지와 함께 신비롭게 잉태한 것을 깊이 이해할 수 있도록 영혼은 교육받는다. 데레사가 반복적으로 주장한 대로 호의와 시련은 서로를 뒤따라온다. 우리 인간의 연약함과 죄악으로 향하는 경향성과 상호 작용하시는 하나님의 내주하시는 현존의 풍성한 "호의" 사이의 긴장은 신뢰와 포기 안에서 하나님께 우리 자신을 내려놓을 때에만 해결된다.[8] 그저 메

---

8) 포기와 항복에 관한 흥미로운 현대 해석학에 관하여서는 Sarah Coakley, *Powers and*

마음의 차원만이 아니라 전혀 경험할 수 없음의 "경험"이, 즉 순전히 아무 것도 없음이 하나님과 함께하는 우리의 삶에 의미가 있음을 믿는 것은 더욱 어렵다.

믿음: 영혼의 언어

우리의 정신(psyche)과 우리의 외적, 내적 감각능력들이 우리의 깊은 영과 함께 이 궁방에서의 하나님의 작업인바 **하나님을 위한 공간을 만드는 하나님**의 영향력에 민감하게 되면서 경험 없음의 "경험"은 더 깊어지는 믿음을 요구한다.[9] 이 과정은 우리 쪽에서의 독특한 믿음의 응답을 요청하는데, 그래서 우리는 인간과 하나님 사이의 의사소통을 위한 언어에 있어서 점점 더 유창하게 된다. **믿음**은 하나님과의 교통(communion)에 있어서 영의 언어이다. 믿음은 사랑에서 나온 하나님에 대한 지식이다.[10] 믿음, 소망, 사랑은 단 하나의 상호적인 실재로서 역동적인 교통 안에 존재한다.

Submissions: Spirituality, Philosophy, and Gender (London: Blackwell Publishers, 2002)를 참조하라. 제1장 "Kenosis and Subversion: On the Repression of 'Vulnerability' in Christian Feminist Writings"에서 특별히 언급하고 있다.

9) Iain Matthew, *The Impact of God* (London: Hodder & Stoughton, 1995). 이 책은 십자가의 요한의 삶과 가르침을 통해 하나님이 어떻게 자신을 위한 방을 마련하셨는지에 관하여 잘 보여주고 있다.

10) Lonergan, *Method in Theology*, pp. 112-118.

믿음, 소망, 사랑의 역동

믿고 소망하고 사랑하는 것은 인간과 신적인 모든 관계의 중심에 존재한다. 그러나 이 둘 사이에 상당한 차이점이 존재한다. 인간의 관계성은 육체적으로 현존하는 과정을 통하여 우선 시작된다. 우리에게 청각 혹은 시각 장애가 있는 것이 아니라면, 눈으로 서로를 보며 우리의 귀로 서로를 듣는다. 그러나 하나님과의 관계의 경우는 다르다. 우리가 서로를 보는 식으로 하나님을 볼 수는 없다. 또한 우리가 서로를 듣는 동일한 방식으로 하나님을 들을 수도 없다. 동시에—그리고 이것은 이 궁방의 역설에 필수적인 것인데—우리는, 어떤 의미에서 사랑의 내적인 눈으로 하나님을 보며 하나님께서 우리들과 의사소통하실 때 마음의 귀를 통하여 말씀하시는 것을 듣는다. 그러나 십자가의 요한이 지적한 대로 "거룩한 일들이 그 자체로 더욱 명확하고 분명하게 드러날수록 당연하게도 영혼에게는 그만큼 많이 어둡고 감춰지게 된다"(『어둔 밤』2.5.3). 하나님은 소위 초자연적인 덕목으로 불리는 믿음, 소망, 사랑으로, 즉 초월적인 특성으로 우리 인간의 소통하는 방식을 변화시키실 것이다. 덕은 강함을 의미하는 라틴어 virtus로부터 유래되었다. 믿음, 소망 그리고 사랑은 기도에 있어서 건축물에 견고함과 내구성을 주는 기초와 같은 것이다. 이러한 가치들은 기도의 근본적인 언어이며, 하나님과의 연합으로 나아가기 위한 수단들이다. 우리가 어떤 방식으로 기도하든지 간에 만약 우리의 기도가 믿음, 소망 그리고 사랑에 뿌리내리지 않는다면, 우리의 기도는 영적 변화를 일으키기에 에너지가 부족할 것이다. 일단 영혼이 하나님과 연합하게 되면, "영혼은 하나님과 거의 항상 합일되어 있으므로 여기서 그 힘이 솟아나게 되는 것입니다"(6궁방 1,2).

기도의 방법들/ 결코 그리스도를 버리지 않아야 함의 중요성

기도는 여러 가지 형태를 취할 수 있다. 소리기도는 하나님과 우리의 교통에 언어의 표현을 제공한다. 하나님이나 성인들에게 드려지는 침묵의 말처럼 기도가 내적으로 일어날 때, 또는 그리스도의 신비를 묵상할 때, 우리는 데레사가 마음기도(mental prayer)라고 부른 것을 실천하게 된다. 때때로 철저한 침묵은 자기를 주시는 신적인 사랑의 경험에 대한 유일하고 적절한 응답이다. 그러면 기도의 언어는 신비적인 말의 침묵이 된다. 신적인 사랑이 영혼을 더 친밀한 교통으로 이끌어 감에 따라 단어들은 점차적으로 부적합해진다. 하나님과의 그런 깊은 친밀감은 말을 침묵시킬 뿐 아니라 만약 흡수되지 않는다면 의식적인 삶을 침범하게 될 사고의 흐름을 그 친밀감 안으로 흡수한다. 분심하는 사고들은 경외심에 휩싸여 고요해진다. 6궁방 7장 5-1절에서 데레사는 우리의 기도 여정에서 깊은 침묵을 향하여 나아가는 전환의 시기를 위해 특별히 도움이 되는 통찰력들을 제공한다. 여기에서 그녀는 우리의 기도에서 그리스도의 인성의 중요성에 대하여 반복하여 말한다. 관상적인 침묵과 하나님 안으로의 흡수는 그리스도의 도우심과 영혼을 실재에 뿌리내리도록 하는 그리스도의 복음의 메시지가 필요하다. "육체적인 일체를 떠나서 항상 사랑 속에서 불타는 것은 순신인 천사들이나 하는 일이지, 죽어질 육체를 지니고 사는 우리들로서는 할 수 없는 일입니다"(6궁방 7,6). 데레사는 이것이 다음과 같은 이유 때문이라고 설명한다.

> …내 생각으로는 묵상이란 본시 하나님을 찾는 것인 만큼, 일단 하나님을 찾고 난 다음이면 의지를 발휘하여 찾는 습관을 길렀으므로 구태여 머리를 써가면서 고생하고 싶지 않은 것이 그 원인인가도 싶습니다. 한편 이미 의지가 불붙어 있으니 이 호기로운 능력은 가능한 한 다른 능력 즉 오성의 힘을 빌리지 않으려는 것같이도 보입니다. 이건 나쁘다 할 수 없으나 마지막 두 궁방에 도달하기 전에는 불가능한 일입니다. 그리고 시간만 낭비하게 될 것입니다. 흔히는 오성의 힘이 있어야 의지가 불붙기 마련입니다(6궁방 7,7).

분심들

여태까지 한 우리의 반추들은 앞으로 따라 나올 내용에 있어서 중요하다. 그것들은 분심들에 대한 우리들의 투쟁과 관련하여 6궁방에서의 데레사의 통찰들을 이해하는 데 도움을 줄 것이다. "분심"이라는 단어가 6궁방에서 나타나지는 않는다. 그러나 데레사가 시간의 낭비라고 간주하는 지각 없는 몰두와 같은 것들을 다루는 본문 안에 "마음의 떠도는 것"에 관한 언급들이 있다. 그녀는 다음과 같이 묘사한다:

… 생각은 이리저리 흩어지고 영혼은 마치 앉을 자리를 못 얻어 파닥거리는 새처럼 많은 시간을 낭비할 뿐, 덕에 나아가거나 기도가 나아지거나 하지를 못했던 것입니다(6궁방 7,15).

주목해야 할 두 가지가 있다: 첫째는 집중된 향심기도 또는 데레사가 고요의 기도의 형태로 묘사하는 것과는 다른 지각 없는 몰두(mindless absorption)이다. 이것은 우리의 기도에서 참된 기도와 그리스도의 현존에 대한 깨어있음으로부터 멀어지게 한다. 둘째로 이것은 우리 마음이 끝없이 방황하도록 만든다.

더구나 기도 중의 맛이란, 무슨 일에나 항상 시간이 있다고 할 수 없는 것처럼 늘상 있는 것이 아닙니다. 혹시 늘상 있다고 말하는 사람이 있다면 나는 그 사람의 상태가 의심스럽습니다(6궁방 7,13).
나는 이런 미혹에 빠졌다고는 하지만 이 지경에까지 이르지 않은 성싶습니다. 다만 우리 주 예수 그리스도를 생각하는 맛이 그전보다 못하므로 그 감미로움을 기다리는 데에 정신이 팔려 있었습니다. 그러나 나는 잘못 가고 있다는 것을 똑똑히 알아차렸습니다. 그도 그럴 일…언제까지든지 감미를 맛볼 수는 없는 법이므로 생각은 이리저리 흩어지고 영혼은 마치 앉을 자리를 못 얻어 파닥거리는 새처럼 많은 시간을 낭비할 뿐, 덕에 나아가거나 기도가 나아지거나 하지를 못했던 것입니다(6궁방 7,15).

데레사는 기도에서 하나님의 선물을 자극하려는 시도를 "지각 없는 몰두"라고 부르는데, 이것은 마음이 떠돌아다니도록 하는 완벽한 체제를 만들어낸다. 우리는 마음이 떠돌아다니도록 우리 자신을 내버려둘 뿐 아니라 데레사가 주장한 대로 많은 시간을 잃게 되고 기도와 삶에서 침체를 경험하게 된다. 내 자신이 가르멜 수도회 입회 초기 양성 기간 동안에 받은 중요한 메시지는 "당신이 할 수 있는 기도를 하고 할 수 없는 기도를 하지 말라"[11]는 것이다. 개인이 묵상할 수 없다면 데레사는 추리적인 사고 없이 그리스도 앞에 단순히 있는 것을 대안으로 제안한다. "누군가가 바람을 내서 열도를 올려주어야 하기 때문입니다"(6궁방 7,8). "바보처럼 시간만 낭비하면서 이미 한 번 받았던 탈혼을 다시 기다려서는 안 됩니다"(6궁방 7,9). 그리스도의 신비들은, 만약 반추적인 묵

---

11) 나는 후에 이것이 돔 존 체프만(Dom John Chapman)의 *Spiritual Letters*(London, 1935) p. 109에서 시간이 흘러도 변치 않는 충고임을 배웠다: "당신이 할 수 있는 기도를 하고 당신이 할 수 없는 기도를 하려고 하지 말라"(Pray as you can and do not try to pray as you can't).

상을 통한 것이 아니라면 최소한 사랑을 점화시켜 주는 단순한 응시 또는 조용한 깨어있음의 방식으로, 항상 지속적으로 현존하여 영양분을 주는 것으로 유용하다(6궁방 7,11).

기도에 대한 충고

데레사는 일관되게 하나님 앞에 선 인간의 부적합성의 실재 안에 기도의 기초를 세워나간다. 이것은 데레사의 글을 통해 반복해서 나타나는 주제인데, 여기에서는 데레사가 6궁방의 7장에서 강조하고 있다. 마음의 가장 깊은 갈망은 하나님을 향한 것이다. 그러나 신적인 소통, 인간의 삶에 나타난 하나님의 친밀한 현존이 우리들에게 요청하는 것은 필연적으로 우리의 인성, 즉 인간의 유한성을 통하여 이루어진다. 이것은 믿음을 실천하고 사랑을 깊게 하는 정화 없이 인간 본성 자체로는 하나님의 많은 것을 취할 수 없다는 사실을 의미한다. 우리의 내적 자아는 하나님의 자기 소통을 모호하게 하는 것들로 너무나 쉽게 어지럽혀진다. 데레사가 깊이 알고 있었던 것처럼 하나님을 향한 갈망조차도 죄악된 욕망의 잔존물들로 인하여 오염될 수 있다.

> 그 은혜란 (이미 말했고 앞으로도 말하겠거니와 어찌나 막중한지) 마치 벅차게 흐르는 강물이 실어다가 때를 맞춰 날라다 주는 것 같습니다.

그렇지만 죄에 대한 생각은 진흙이나 되는 것처럼 항상 기억에 생생히 남아 있어서 이것이 큰 십자가가 되는 것입니다(6궁방 7,2).

십자가의 요한에 따르면, 영혼이 영적 여정의 진보의 단계에 이른 경우라도 이전 자아의 얼룩들이 여전히 남아 있다. 우리 안에는 미묘한 집착들이 많으며, 하나님을 향한 갈망조차도 그 자신의 자만심 가득한 기만을 포함하고 있을 수 있다. 십자가의 요한은 이러한 숨겨진 실재들을 직접적으로 분명하게 드러낸다:

나아간 이들에게서도 역시 모든 사람들이 그렇듯이 죄로부터 오는 습관적 결함들, 즉 **마음이 무뎌짐**(hebetudo mentis)과 본래의 거칠음, 그리고 정신이 산만함과 집중하지 못함을 보게 된다. 그래서 저 밤의 압박감과 고통을 통해 정신을 새롭게 하고, 마음을 거두고, 밝게 하고, 맑게 할 필요가 있다(『어둔 밤』 2.2.1-2).[12]

요한은 우리의 주의를 분심의 보다 미묘한 층들로 인도한다. 만약 우리가 하나님과의 사랑의 관계 안에서 더 깊이 내려가고자 한다면 우리가 그것들을 인식하고 있다는 사실이 중요하다.

---

12) 카바노프(Kavanaugh)가 지적하는 것처럼, 요한의 인류학에 있어서 중요한 요소는 '어둔 밤' 일 권과 이 권에서 언급되는바 모든 결함의 뿌리에 죄가 놓여 있다는 것이다. *Dark Night*, p. 397.

마음(mind)뿐 아니라 **영**까지도 하나님과의 연합을 향하는 초월적인 성향으로부터 **부주의하거나 산만해질** 수 있다. 죄악의 잔존물들은 자아 안에 있는 이 깊은 장소에 여전히 붙어있다. 요한은 추측과 자만, 허영심과 거만함의 주제들을 다룬다(『어둔 밤』 2.2.3). 이러한 종류의 악덕들은 영의 눈을 흐리게 하여 우리가 온전한 인간이 되어감이 의미하는 바에 대한 근시안적인 시야에서 벗어나 살아가게 만든다. 하나님께 자아를 내려놓음은 궁극적으로 자아 성취의 신화를 붙드는 것으로부터, 그리고 자아 팽창과 자기 중심성의 감염으로부터 자아를 자유롭게 한다. 동시에 "거만함"뿐 아니라 "허영심"의 미묘한 형태들은 역설적으로 남녀 모두에게 자기 의심, 무가치함 그리고 부적합함의 감정을 가릴 수 있다. 허영심 또는 거만함과 더불어 무가치함의 기분으로 표현된 자아 팽창은 영의 깊은 곳에 머물러 있는 자만심의 현현일 수 있다.[13] 우리는 스스로 죄악과 유한성, 한계성과 불완전성과 같은 인간의 실상을 겸손하게 인정하기보다는 우월함이나 영적인 탁월함으로의 허식으로 타고난

---

13) 발레리 세이빙스(Valerie Savings)는 여자로서 여자의 유혹은 남자로서 남자의 유혹과 동일하지 않다는 실재를 보여준다. 남자에게 자만심은 권력, 통제와 지배를 향한 의지 같은 것으로 더욱 표현된다. 여자의 죄는 "사소함(frivolity), 산란함(distractability), 그리고 분산(diffuseness); 조직화하는 중심이나 집중; 자기-정의를 위하여 다른 사람을 의존함; 뛰어난 수준을 희생하는 관용; 사생활의 범위를 존중하지 못함; 감상적임; 말하기 좋아하는 사교성, 그리고 이성의 불신; 짧게 말해서 자아의 미발달이나 부정" 등과 더욱 관련된다. "The Human Situation: A Feminine View" reprinted in Carol P. Christ and Judith Plaskow (eds.) *Womanspirit Rising: A Feminist Reader in Religion* (San Francisco, CA: HarperSF, 1992 reprint paperback edition), p. 37.

불안감을 덮어버린다.

　진정한 내적 안정은 피조물, 무엇보다도 하나님과 동떨어진 자신 안에서가 아니라 하나님 안에서 발견된다. 우리가 하나님 안에서 안전하게 될 때 인간의 한계들은, 심지어 우리의 죄악의 경향성도, 동요를 유발하는 대신에 겸손의 원천이 되며 회심과 변화를 위한 기회들을 제공한다. 데레사가 그런 행위를 한다고 비난을 받았듯이, 우리는 더 이상 "이 외적으로 보이는 쇼를 하지" 않아도 된다(6궁방 1,3). 결점과 실패들이 지속적인 현존이신 하나님과의 연합으로 인하여 힘을 얻는 마음을 방해하지는 못한다.

　우리가 기도 가운데 하나님께 열려 있을 때, 내면을 비추시는 그리스도의 내주하시는 영의 빛은 만약 그렇지 못했다면 인식하지 못했을 분산되고 부주의한 영의 자만심 가득한 표현들을 드러낸다. 하나님의 빛에 드러나면 이러한 자아의 환영받지 못하는 측면들은 우리들로 하여금 그것들의 존재를 깨닫고 하나님께 속하지 않은 모든 것들을 하나님의 기다리시는 마음에 내려놓도록 초대한다. 이러한 6궁방의 하나님은 우리 자신을 거울로 비추어 주신다. 하나님 안에서 하나님과 영혼 양자의 "내적 스케치"의 선들은 그리스도의 정화하고 변화시키시는 사랑을 통하여 완성된다. 하나님 안에서 자아의 실현, 즉 충만한 믿음에서 비롯된 승복을 통한 이 스케치의 완성은 어둔 밤의 작품이다.[14]

이 어두운 밤은 영혼 안에서 일어나는 하나님의 작용이라고 할 수 있는데, 영혼이 지니고 있는 영적이며 본성적이고 습관적인 결함들과 무지들로부터 영혼을 정화시키는 것이다. 관상기도를 하는 사람들은 이것을 주부적인 관상, 혹은 신비신학이라고 부른다…. 이 주부적인 관상은 하나님의 사랑의 지혜인데, 영혼에게서 두 가지 근본적인 효과를 나타낸다. 그 이유는 정화시키면서 그리고 빛을 비춰주면서 하나님과의 사랑의 일치를 위해 영혼을 준비시키기 때문이다. 축복받은 영들(spirits)을 비춰주면서 정화시키는 바로 그 사랑의 지혜가 이 땅에서 영혼(the soul)을 정화시키고 영혼에게 빛을 비춰주는 것이다(『어둔 밤』 2.5.1).

하나님의 초월성의 진리는 참여함에 의하여 점점 더 하나님이 될 때, 궁극적으로 영혼을 통하여 빛나게 된다. 자아가 정화될 때, 자아와 하나님에 대한 잘못되고 불충분한 개념들이 필연적으로 분명하게 드러난다. "앞으로 나아간 이들이 하나님을 대하는 태도와 움직임이 아직도 저

---

14) 『영적 찬가』, 제 12노래: "아아 수정 같은 샘물이여, 은빛 나는 이 너의 얼굴에, 너 내 그리워하는 눈들을 재빨리 마련하였더라면, 그리고 내 안에 아련히 그려 지니는." 제11노래 12와 제12노래 1에서, "the sketch"는 신부인 동시에 신랑이다. Hein Blommestijn, Jos Huls, Kees Waaijmann에 의해 쓰여진 *The Footprints of Love: John of the Cross as Guide in the Wilderness* (Leuven: Peeters, 2000). 그리고 John Vriend에 의해 번역된 이 책의 제2장 "만남의 빈 공간으로 들어가기"(Entering the Empty Spaces of the Encounter)는 하나님 경험과 자아에 대한 경험 사이의 관계에 관한 통찰력 있는 이해를 제공한다.

속하거나 제멋대로인데 이는 정화되고 빛이 나는 정신의 금을 가지지 못했기 때문이다. 그래서 바오로 사도가 어린이처럼 하나님을 이해하고, 어린이처럼 하나님을 알고, 어린이처럼 하나님을 느낀다고 말했듯이 아직도 하나님과의 일치라는 완전함에 도달하지 못했기 때문이다"(고전 13:11; 『어둔 밤』 2.3.3).

데레사에게 있어서 그녀가 받은 은총의 유익함 중 하나는 그녀와 너무나 사랑스럽게 의사소통하시는 이 하나님에 대하여 더 깊이 깨닫고 경외하게 된 것이다. "그런 만큼 어쩌면 자기가 그토록 대담했던가에 스스로 놀라고, 무엄하기 짝이 없던 자기를 슬퍼합니다"(6궁방 7,2). 그녀의 가장 큰 고통은 그녀가 그렇게나 빚을 지고 있던 분을 향하여 얼마나 배은망덕했는가에 대한 깊은 자각처럼 보인다. "그는 하나님께서 내려주시는 저 위대한 일을 가지고 한결 당신의 위대하심을 깨치게 됩니다"(6궁방 7,2).

"사랑의 지혜"로서 하나님의 유입은 우리의 미숙하고 너무 작으며, 인간적이고 투영된 하나님 상들을 정화하고 변화시킨다. 하나님의 사랑의 지혜가 영혼 안에서 그 자체를 분산시킬 때 하나님보다 덜한 것은 더 이상 존재할 공간을 찾지 못하며, 공허함과 외견상 하나님의 부재를 뒤에 남겨둔 채 어두운 망각으로 사라져 버린다. 이제 마음속에 공간을 요구하시는 불가해한 신비이신 하나님을 위하여 우리 자신이 만든 인식 가능한 신을 흘려보내는 것은 이 6궁방을 통과하는 여정에서 반드시 필

요한 것이다.[15]

우리의 어둔 시기를 이해하는 것은 6궁방에서의 분심의 역동에 매우 중요하다. 호의들이 진정이거나 혹은 그렇지 않을 때를 분별하는 것과 관련하여, 데레사는 "마음의 돌아다님"(분심)에 대한 많은 암시들을 보여준다. 음성이 들려옴과 다른 "호의들"의 진정성을 분별하기 위한 그녀의 지적인 반추들은 분심을 다루는 데 있어서 건전한 충고들임에 분명하다. 초기 궁방들에서, 분심들은 자기애적인 상처의 다양한 형태에 뿌리를 두고 있는 집착들을 노출시킬 수 있다; 감정적인 성장을 저해하는 어린이의 발달 형태에서, 유년기의 정신적 외상을 포함하는 심리학적 주제들 안에서, 또는 일반적인 아동 성장발달에 있어서 필수불가결한 어려운 경험들에 대한 감정적 잔존물로부터 파생된 집착들이다. 그러나 우리가 고려해 온 바와 같이, 6궁방에서의 이슈는 보다 깊은 어떤 것이다. 하나님은 벌거벗은 "우리의 분산되고 부주의한 영"을 드러내는 어둔 밤의 정화를 통해 하나님을 위한 공간을 만들어 가신다. 이 과정은 우리를 자아의 보다 심오한 영역으로 데려다 놓는다. 그곳은 바로 "하나님 경험과 자아 경험이 하나가 되는 곳"이다.[16] 어둔 밤의 역동 안에

---

15) 『어둔 밤』 2.5.1. 오늘날 여성들과 남성들은 전통적이고 가부장적인 하나님 이미지들 너머의 하나님 경험을 말한다. 이와 같은 변화는 하나님과 자아에 관한 미숙한 이미지들이 정화되고 변혁됨을 통해 해방되는 만큼 고통스러울 수 있다.

16) Karl Rahner, "Experience of Self and Experience of God" in *Theological Investigations*, Vol. 13 (New York: Crossroad, 1983).

서, 사람의 노력이 도달할 수 없는 영 내부의 죄악의 근원들은 사랑에 의하여 정화되고 변화하게 된다.

비록 외적으로 죄를 범하는 것을 멈추었을지 모르나, 죄에 대한 슬픔과 죄를 피함은 우리의 죄 성향의 뿌리들을 그대로 남겨 둔다. 6궁방에서 데레사는 호의와 시련들 사이의 상호 작용에 의하여 촉진된 어둔 밤에 대해 그녀 자신이 경험한 대로 쓴다. 그녀의 신비적 은총들에 의하여 유발된 고통들은 그녀의 분심들의 근원적 원인들, 즉 그녀의 "부주의한 영"(inattentive spirit)을 드러냈고 정화시켰다.

데레사의 부주의한 영

5궁방은 영혼을 하나님을 향한 거대한 열망으로 채워놓으며 "다른 신랑은 그 누구도 거들떠보지 않으려는 결심이 굳게 서 있게"(6궁방 1,1) 남겨둔다. 그러나 너무나 큰 그 은총에 대가가 없는 것은 아니다. 데레사의 현실주의는 우리에게 다음과 같은 것을 일깨워준다. "이따금 천상의 행복을 맛보는 그런 영혼들이 그 종류야 어떻든 간에 세상 고생을 당하지 않고 산다는 것은 나로서는 도무지 믿어지지 않는 일입니다." 그녀는 하나님과 우리의 연합인 이 고독에 방해가 될 수 있는 모든 것을 우리가 제거하기를 원한다(6궁방 1,1). 만약 우리가 하나님께서 시련들을 통하여 우리들을 정화하시도록 허락하기만 한다면, 데레사에게 했던 것처럼 삶의 "일상성"은 우리의 변화를 위해 충분한 시련들을 가져다 준다.

데레사는 그녀의 영적 여정에서 이 시기에 닥쳤던 시련들을 통해 누적되었던 부담들을 생생하게 묘사한다. 신비적인 은혜를 통하여 하나님께서 데레사에게 깊은 자기 소통을 보여주셨음에도 불구하고, 그녀는 모든 것을 잃은 것처럼 느낀다. 사람들은 그녀에 대해 험담하고, 친구들은 돌아섰고, 그들은 그녀의 은사에 대한 불신을 표현했다: "그녀는 길을 잃고 말았다." 고해 신부들도 그녀를 의심했다(6궁방 1,3). 하나님 앞에서 그녀의 무가치함을 깨닫는 것에 직면하여 칭찬 자체는 오히려 감당할 수 없는 짐이 되었다(6궁방 1,4). 육체의 고통은 규칙적으로 그녀를 괴롭혔다(6궁방 1,6). 비판하는 자들은 호의를 수반하는 기도에 대한 그녀의 은사를 악마로부터 혹은 우울함으로부터 온 것이라고 판단했고, 이는 그녀의 영혼을 고뇌케 하고 불안케 했다. 메마름의 시기에 과거의 은총들은 환영과 같이 여겨졌고, 그리고 영혼은 자신이 하나님을 마음에 두고 있지 않으며 앞으로도 그럴 것처럼 보이게 만들었다. 하나님께서 멀리 떠나신 것처럼 여겨졌다(6궁방 1,8). 영혼의 이해는 너무나 어두워져서 자신을 설명할 수 없게 된다. 영혼은 진실을 볼 수 있는 능력을 상실하며, 상상력이 자신에게 보이는 것은 무엇이든지간에 믿는다. 하나님께서 영혼을 거절하시는 것처럼 생각하게 된다. 그 개인은 지옥같이 견딜 수 없는 내적 압박을 받게 된다.[17] 지성이 이해할 능력을 상실했기에 독서는 이해를 수반하지 않는다(6궁방 1,9). 영혼은 기도 가운데 아무런 위안을 느낄 수 없다: "마음의 안정을 얻으려고 기도를 드려도 하나 마나입니다. 기도의 뜻이 마음속에 파고들지 못하고 입으로 기도를 하면서도 자기가 말하는 바를 알지 못합니다. 더구나 이런 때일수록 묵상기도가 되지 않는 까닭은 이미 정신 능력이 모두 무능력하게 되었기 때문입니다. 그런데 이 경우 무엇보다도 해로운 것은 고독입니다. 누구와 같이 있기도 말하기도 싫은 것이 또 하나의 큰 고통인 것입니다"(6궁방 1,13).

배은망덕한 감정들에도 불구하고 그녀가 많은 노력을 행할 때 데레사는 하나님께서 자신에게 부어주시는 은총들을 숨길 수 없다. 이 은총들은 불친절한 말들과 무자비한 험담을 유도한다:

"제가 무슨 성녀인 체하는구나." "저렇게 극단적으로 나가는 것은 결국 세상을 속이고 남들을 시시하게 보는 배짱이야." "저 따위 짓을 안 해도 우리는 저보다 나은 신자란 말이야."[18]

그녀 자신에 대해 언급하면서, 데레사는 계속하여 말한다:

---

17) 『자서전』 32장에서 그녀는 지옥의 자기 자리를 본 비전을 묘사한다.
18) 데레사는 5궁방에서 이에 대하여 지혜롭게 언급하고 있다. 5궁방, 3,9 참조. "악마는 꾀가 많은 놈이라 우리가 지니지 못한 덕을 마치 지닌 듯이 생각하게 하려고 온통 지옥을 발칵 뒤집어놓을 것입니다."

이러는 바람에 친하던 사람들도 떠나버리고 심한 말질을 하는 사람들이 다름 아닌 그 친하던 사람들이므로 그것은 차마 견디기 어려운 고통인 것입니다: "저 사람은 버렸어. 무엇에 씐 것이 분명해." "저건 악마가 시키는 짓이야." "누구누구가 그랬던 것과 똑같이 아주 버렸어. 다른 사람 덕까지 망쳐버리는 거야." "고해 신부들을 호리는 수작이다." 이런 식으로 고해 신부들까지 끌어대면서 아무개 아무개도 그러다가 신세를 망쳤다는 본보기를 들이대는 것입니다. 그 갖은 말질이며 욕지거리를 어떻게 이루 다 말할 수 있겠습니까?

(6궁방 1,3)

이러한 험담이 데레사 안에서 일으킨 분심들에 대해서 우리는 상상하지 않아도 된다. 본문은 이에 대해 자명하다. 자기 방어적인 힘으로 데레사는 삽입구에서 다음과 같이 명시한다. "여기에 주의할 것은 본인은 자기의 의무에 충실하려는 노력 외에 아무것도 하는 것이 없습니다" (6궁방 1,3). 사람들이 우리의 행실을 잘못 판단할 때 혹은 우리가 잘못 비난을 받을 때, 우리는 얼마나 고통 받는가! 고(故) 베르나르딘 추기경은 성추행으로 고소당했다. 그런 환경에서 우리는 마음을 괴롭게 할 수 있고 정화되지 않은 죄성의 잔존물들을 휘저을 수 있는 느낌과 생각들에 공감할 수 있다. 우리는 이러한 것들이 베르나르딘 추기경에게 최종적인 결론이 아니었다는 사실을 알고 있다. 그의 마음은 가해자를 위한

용서를 발견하였다. 의심할 바 없이 그 경험은 그의 영적 변화에 없어서는 안 될 것이 되었다.[19]

이 6궁방에서 그녀 자신이 경험한 시험과 그것을 어떻게 다루었는지에 대한 상세한 묘사를 통하여, 데레사는 어려운 삶의 상황들과 심각한 질병 그리고 오해들과 비난들이 어떻게 하나님의 변화시키시는 효과를 위하여 좋은 비료가 되는지를 우리가 볼 수 있도록 도와준다.[20] 우리가 삶에서 경험하는 시련들은 데레사의 것보다는 덜 극적이지만, 한 번 혹은 그 이상으로 어쩌면 그보다 더 심하게 어려운 상황들이 불가피하게 우리들에게 다가올 수 있다. 이러한 것들은 존재하고 생각하며, 관계를 맺고 살아가는 우리 안에 깊이 자리 잡고 있는 삶의 방식들에 도전을 준다. 이제 우리는 그리스도와 그의 사랑의 복음에 진실하고자 하는 우리의 최선의 노력 안에서도 부족함을 보게 한다. 본능적으로 사랑하지 않는 영의 태도가 마음을 떠돌기 위해, 그리고 사랑이 얼마나 오염되어 있는지를 보여주기 위해 표면화된다. 하나님께 속한 마음의 공간을 어지럽게 하는 자기도취적인 그물이나 팽창된 자아 또는 자만심 가득한 집

---

19) 나에게는 은퇴 후 "장미 향기를 맡으며" 시간을 보내게 될 것을 고대하는 의사 친구가 있다. 최근에 그는 그의 정원에서 일하며 반추적인 아침을 보낸 후에 내게 말했다. "아시겠지만, 저는 많은 사람들이 자신들에게 닥쳐온 어려움과 고통들에 관하여 말하는 것을 의사로서 들어왔습니다. 제가 생각하기에 연옥은 우리가 죽은 후에 우리에게 일어날 그 무엇이 아닌 바로 이 현세 안에 있습니다." 십자가의 요한은 연옥을 어둔 밤의 정화와 비교하였다. 『가르멜의 산길』 1.4.3; 『어둔 밤』 2.6.6; 10.5; 20.5; 『사랑의 산 불꽃』 1.21.24를 참조하라.
20) "Crisis and Transformation: Turning Over the Compost" in *The Way* (London: Heythrop College), January 2004.

착의 아주 작은 잔존물들까지도 이제는 우리들 눈앞에 명백하다.

우리는 자신의 사랑 없음을 보고 괴로워한다. 영적인 혼인은 불가능한 꿈으로 보이며, 하나님을 위한 열망은 냉담해진다. 데레사가 그것을 묘사했듯이: 영혼의 이해는 어두워지고, 진리를 볼 수 없게 되어 버린다(6궁방 1,9); 악마는 우리 영혼이 하나님으로부터 거절당했다고 느끼도록 만든다(6궁방 1,9); 몸의 고통들은 영혼을 괴롭게 하며(6궁방 1,6); 은혜는 숨어버리고 영혼은 하나님의 사랑이 전혀 없는 것처럼 느끼게 된다(6궁방 1,11). 영혼은 하나님의 자비를 기다리는 것 외에는 할 수 있는 것이 아무것도 없다(6궁방 1,10).

데레사와 우리의 고난의 목적:
영혼을 하나님께로 집중시킴

이 모든 것의 목적은 무엇인가? "이것이야말로 하나님이 뜻하시는 바로서 우리로 하여금 당신이 임금님이심을, 그리고 우리 자신이 처절하다는 것을 깨우쳐 주시려는 것입니다. 이것은 앞으로 다룰 문제를 위해 매우 중요한 것입니다"(6궁방 1,12). 우리가 보았던 대로, "이와 같은 큰 고통은 영혼이 제 7궁방에 들어설 무렵에 다른 여러 가지 고통과 함께 따라오기 마련이다"(6궁방 1,15). 6궁방에서의 하나님의 작업은 영혼을 전적으로 하나님께 집중하도록 시는 것이다. 어려운 삶의 경험을 통하여, 하나님은 여전히 하나님을 위한 존재가 되길 저항하는 우리 자신의 모든 것에 대해 경고하신다. 데레사는 그 여정을 걸어갔으며 또한 우리가 부당한 비난과 오해들, 심각한 질병의 갑작스런 발견과 같은 것들에 맞닥뜨렸을 때 부족하게 보이는 반응들이나 생각(mind) 주위를 맴도는 불가피하게 계속 떠오르는 어두운 생각들을 덮어버리지 않도록 격려한다.

하나님은 이러한 인간 실재들을 안겨주시지 않지만 우리의 궁극적 선을 위하여 그것들을 사용하신다. 이러한 성질의 시련들은 우리가 기도 중에 무질서의 에너지와 부주의하고 분산된 영을 일으키는 인간의 영혼에 감추어진 힘들을 승복시키도록 초대한다. 그것들은 우리 최상의 의도까지도 쉽게 오염시키는 환영과 자기기만의 깊은 층들을 드러낸다. 우리가 숨겨진 채로 두고 싶어 하는 것들을 드러내는 빛의 고통이 어둠의 고통과 함께 있다. 하나님께서 자신을 위한 공간을 더 많이 만들어가실 때에, 신적 임재는 악마들이 자만심의 교활한 말들로, 그리고 순전히 환영인 희망의 환상을 통해 나타내는 여러 가지 방식들을 적나라하게 밝힌다. 우리를 황홀하게 하는 많은 것들이 이제는 궁극적인 만족이 없는 것으로 인지된다. 하나님과의 더 깊은 관계를 촉진하지 않는 우리 안의 그리고 우리 주변의 모든 것들이 우리에게 놀랍도록 명백해진다.

심각한 시련의 기간에 대한 데레사의 자기 묘사는 성인들은 이래야 된다는 우리의 이미지와 좀처럼 일치하지 않는다. 그녀가 기도에서 아무런 위안도 얻지 못할 때, 육체적 고통들이 강렬하고 다른 어려움들로 인해 고통이 더 심하게 가중될 때에 그녀는 삼인칭을 사용하여 다음과 같이 쓴다:

더구나 이런 때일수록 묵상기도가 되지 않는 까닭은 이미 정신 능력이 모두 다 무능력하게 되었기 때문입니다. 그런데 이 경우 무엇보다도 해로운 것은 고독입니다. 누구와 같이 있기도 말하기도 싫은 것이 또 하나의 큰 고통인 것입니다. 그렇게 되면 자기 딴에는 있는 노력을 다 한다 하지만, 불쾌하고 언짢은 기색이 밖에 드러나서 남들의 눈에까지 띄기 마련입니다(6궁방 1,13).

어둠과 메마름 또는 아주 철저한 무관심의 시간에, 즉 아무런 경험이 없는 경험 가운데 그의 짧은 생애와 비극적 죽음에서 많은 시험과 어둠의 시간을 지냈던 예수님을 기억하는 것은 하나님께서 더욱더 데레사를 신적 연합의 풍성함을 위해 준비시키실 때 그녀의 부주의하고 분산된 영을 위한 치료제가 되었다.[21] 우리는 이미 데레사가 그리스도의 인성에 중요성을 두는 것을 보았다. 그녀는 짧은 기간 동안 그리스도의 인성이 관상기도에 장애가 된다는 잘못된 믿음으로 말미암아 실제적으로 그녀

---

21) 『완덕의 길』 26장에서 데레사는 그리스도를 주목함으로 한 사람의 마음을 거두는 방법을 묘사하고 있다.

의 "안내자이신 선한 예수님"을 거절하였었다(6궁방 7,15).[22] 그녀는 하나님의 유입이 종종 사람들로 하여금 지성을 사용하지 못하게 하거나 묵상의 형태로서 추리적인 사고를 하는 것을 할 수 없게 함을 인정한다. 그러나 개인적인 경험을 통하여 데레사는 항상 온전하게 사랑에 붙잡히는 것은 불가능하다는 것을 명확하게 알고 있다. "살려주는 불길이 죽어가고 있으니 누군가가 바람을 내서 열도를 올려주어야" 할 필요가 있다. 이것은 특별히 메마름의 계절에 그렇다. 바로 여기에서 데레사는 우리에게 "길잡이, 어지신 예수님"을 잃지 말아야 한다고 강력하게 충고한다. 그녀는 묵상, 즉 지성으로 하는 추리적인 반추와 그리스도의 신비 중 하나 가운데서 그리스도를 기억하는 것과 지성 안에서의 단순한 표현과의 차이에 대해서 매우 단호하게 설명한다. 특별히 중요하게 하나님의 임재가 느껴지지 않는 메마름의 시기에 "사람은 계속해서 언제나 그 사람의 동반자이며 신성과 인성이 만나는 그리스도와 함께 칭찬할 만한 길을 걸어야 합니다. 거기서는 묘하게도 영혼이 우리 주 그리스도와 함께 살면서 당신을 떠나는 일이 거의 없고, 그리하여 당신의 천주성과 인성이 항상 그와 함께 계시는 것입니다."[23] 데레사는 규칙적으로 "우리 주 예수 그리스도의 가장 신성한 인성의 신비들"을 언급한다. 이

---

22) 『자서전』 22장에서 그녀는 관상적 기도에 있어서 그리스도의 인성의 중요성에 관하여 길게 전개시키고 있다.
23) 6궁방 7,9.

사건들은 역사적인 실재들 그 이상이다. 그 사건들은 관상되어지고 그리고 사랑의 기억으로 품어 안아야 할 신비들이다. 데레사에게 있어서 역사적 예수와 부활하신 그리스도는 분리될 수 없기에 역사적 예수의 삶의 사건들은 **신비들이다.**

십자가의 요한은 하나님께서 그 영혼 안에 사랑의 지식을 조용히 비밀스럽게 주입하신 사람들에게 묵상을 강요하는 영적 지도자들을 엄하게 훈계한다. 성 요한은 사람들에게 하나님에 대한 단순한 사랑의 인식 가운데 머무르도록 격려하며, 언제 보다 능동적인 묵상을 내려놓아야 하고 그들 자신이 하나님의 유입에 수용적이 되어야 하는지에 관한 분명한 표지들을 준다.[24] 『자서전』 9장에서 데레사는, 그녀 자신이 지성으로 추론적인 묵상을 할 수 없었기 때문에 그리스도가 계속하여 임재하시게 하는 방법을 설명한다. 6궁방들에서(6궁방 7,7) 그녀는 또한 기도 중에 추리적인 사고가 어려운 사람을 위하여 충고를 하고 있다.

분심을 분류하기 위한 표지들

영혼이 그리스도께 초점을 맞추도록 하기 위한 조언과 더불어, 6궁방에서 데레사는 또한 마음의 역동들과 그 역동들이 만드는 생각들의 진

---

24) 『사랑의 산 불꽃』3.33; 『가르멜의 산길』2.13; 『어둔 밤』 1.9.2-4, 십자가의 요한은 우리에게 영혼이 묵상(meditation)에서 관상으로 이동하는 것을 식별하는 표지를 제공한다.

실과 잘못을 분별하기 위한 표지들을 우리에게 준다. 데레사의 어둔 밤은 종종 호의들이 언제 하나님으로부터 오며, 그리고 그것들이 언제 악마나 하나님 이외의 다른 원천으로부터 오는가를 이해하려는 투쟁에 초점을 맞춘다. 왜냐하면 이러한 호의들이 원수들 그리고 때때로 친구들로 하여금 그녀를 비판하고 그녀에게 현혹된 자라고 꼬리표를 붙이게 하기 때문이다.

그녀의 고해 신부들뿐 아니라 전문적인 신학자들도 아무런 도움이 되지 못한다. 반대로 그들은 신비적인 은혜를 이해하지 못했기 때문에 종종 그녀에게 고통을 가중시켰다. 데레사는 그녀가 상담하는 학식 있는 자들로부터의 의심과 비난에 직면했을 때, 그녀의 경험들이 진짜임을 증명하는 방법을 찾느라 고민하였다. 그녀 자신이 경험한 비전들과 황홀 그리고 음성을 듣는 것이 하나님으로부터 올 때와 사탄 또는 단순한 망상으로부터 올 때를 표시하는 표지들을 위하여 자신의 내면을 살필 수밖에 없었다. 6궁방에서 나는 데레사가 자신의 경험들을 분류하기 위하여 얼핏 보아도 열 번 이상 그런 시도들을 했던 것을 헤아릴 수 있었다.[25] 특별히 2장과 3장에는 우리가 유익을 얻을 수 있는 이 과정의 반복된 예들이 나온다.

---

25) 『영혼의 성』에서 데레사가 종교적 체험에 관한 식별 기준을 다루고 있는 주요 본문은 다음과 같다. 6궁방 2,6; 6궁방 3,5; 10, 17; 6궁방 4,11; 6궁방 5,10, 12; 6궁방 6,3; 6궁방 7,8-9, 15.

말소리(locutions)

데레사는 말소리들(locutions)의 정당성을 입증하는 것에 대해 길게 다룬다. 그녀는 스스로를 돕기 위하여 자신의 경험을 반추함으로 시작한다: 말소리들은 신적 메시지를 지닌 특정한 내적 말씀들이며, 두서없는 분산된 사고들과는 매우 다른 경험이다. 데레사에 따르면 말소리들은 다양한 방식으로 소통된다.

> 밖으로부터 오는 듯한 말씀, 영혼의 가장 그윽한 속에서 울리는 말씀, 또 영혼의 위쪽에서 오는 성싶은 말씀이 있는가 하면, 어떤 말씀은 바깥에서 똑똑히 들려오는 말소리처럼 귓전을 울려주는 것도 있습니다(6궁방 3,1).

경험으로부터 그녀는 말소리들이 방향성과 통찰 또는 삶의 의미들을 제공한다고 말한다.

나는 데레사가 말한 식별의 표지들이 6궁방의 분심들의 의미를 이해하고 다루는 데 유익하다고 믿기 때문에 그 표지들에 대해 얼마간의 시간을 들이고자 한다. 데레사에 따르면 말소리들이 하나님으로부터 올 때에 특정한 표지들이 나타난다.

첫 번째 그리고 가장 진실한 것은 그것들이 내포하는 능력과 권위이다.(그것들은 그 말씀이 말하는 것을 실현한다. 즉 그것이 "내니 두려워하지 말라" 하면 두려움은 사라져 버리는 것이다.)

둘째 표지는 영혼에 남는 깊은 침묵이다. 믿음이 깊고 평화로운 거둠과 하나님을 찬양하는 데 재빨리 참여하는 것이다.

셋째 표지는 그 말씀이 기억에 오랫동안 남는다는 것이다(6궁방 3,5-7; 또한 6궁방 3,11을 참고).

말소리들이 상상으로부터 온다면, 이러한 표지들 중 어떤 것도 명백하지 않으며 확신이나 평화 또는 내적 기쁨은 없다(6궁방 3,10). 데레사에 따르면 약한 체질의 사람들은 꿈과 같은 상태에서 들린 말씀들이 하나님의 음성이라고 생각할 수 있으며, 만약 그들이 어떤 것을 위하여 애정을 가지고 주께 간구하고 있다면 그들에게 들리는 말소리가 그들이 듣기 원하는 것을 말하고 있다고 생각한다. 하나님은 우리의 꿈을 통하여 우리에게 말씀하신다. 그러나 여기에서 데레사가 말하는 것은 상상력이 우리의 의식을 지배하여 의식이 마치 꿈을 꾸는 것과 같은 상태를 의미한다(6궁방 3,10).

우리의 상상은 실로 우리를 속일 수 있다. 그러나 보다 심각한 것은 속임들이 사탄으로부터 올 수 있다는 것이다. 사탄은 데레사가 살던 16세기 세계관에서 크게 확대되어 보인다.[26] 사탄은 말소리들을 위조할 수 있으며 그 의미들에 대한 확신이 있을 수 있도록 매우 분명하게 말씀들을 이야기할 수 있다. 그러나 사탄이 할 수 없는 것은 하나님의 방문과 같은 효과를 만들어 내는 것인데, 그것은 영혼에 임하는 평화와 빛이다. 반면에 사탄은 불안과 혼란함을 남긴다. 우리를 격려하기 위하여 데레사는 만약 영혼이 겸손하다면 사탄은 거의 해를 입히지 못하거나 전혀 해를 끼치지 못한다고 우리에게 확신시켜 준다. 그녀는 한층 더한 설명을 덧붙인다:

1. 아주 확실한 한 가지는 영이 하나님으로부터 온다면, 영혼은 더 많은 은총을 받을수록 더욱 자신을 업신여기게 된다는 점이다.
2. 영은 더욱 자기의 죄를 생각하고 자기를 위함이라곤 전혀 없다.
3. 영의 의지와 기억은 자기의 이익을 돌보지 않고 오직 하나님의 명예를 더욱 추구한다.
4. 영은 행여나 조금이라도 하나님 뜻에 어긋날까 보다 더 두려워하며, 자기는 그런 은혜가 부당하고 지옥만이 제격이라는 것을 보다 더 확신한다(6궁방 3,17).

---

26) 나는 악함이란 선을 선택할 수 있는 우리의 자유를 박탈하는 모든 것이라고 정의한다. 우리는 일상적으로 소비주의의 악마, 잘못된 권리욕을 낳는 악마, 정치적 경제적 부패의 악마, 인간의 탐욕을 위해 환경을 부당하게 개발하는 악마들을 마주친다.

데레사는 또한 하나님이 하신 말씀들은 특정한 지속성이 있다고 주장한다; 영혼은 그 과정에서 하나님께서 다른 모든 생각들을 멈추게 하시며, 말해진 것들에 영혼이 집중하도록 하시기 때문에 영혼은 강제로 주의하여 듣게 된다. 매우 좋은 청력을 가진 사람이 다른 사람이 큰 소리로 말하는 것을 듣지 못할 가능성이 더 큰데, 그런 사람은 주의를 돌려서 마음과 지력을 다른 것에 둘 수 있기 때문이다. 그러나 하나님으로부터 말소리가 들려올 때 다른 음성을 들을 귀가 없으며, 영혼에게 들린 말씀 이외에는 다른 것을 생각할 능력이 없다. 이 모든 것은 더 깊은 겸손과 자기보다 더 위대한 주님이 궁성을 다스리신다는 깨달음을 가져온다(6궁방 3,17-18).

데레사가 말한 분심에 적용된 분별의 세 가지 표지들

진정한 말소리들은 특정한 메시지와 의도를 가지고 영혼 안에서 들려지는 신적 임재인 반면에, 분심들이란 우리 자신의 감정과 정신 또는 영, 그것들이 들려지도록 만드는 것이라는 점에서 말소리들과는 다르다. 이러한 차이에도 불구하고 나는 말소리들에 대한 데레사의 경험과 그 현상에 대한 그녀의 반추로부터 우리가 분심이라고 부르는 성가신 것들을 다루는 데 있어서 도움을 얻을 수 있다고 믿는다. 먼저 우리는 데레사의 통찰력들이 분심의 원천과 관계없이 분심에 대해 의미하는 것을 고려할 것이다. 그리고 후에 어떻게 그 통찰들이 6궁방에 특정된 분심들을 구별하는 데 안내의 역할을 할 것인지를 볼 것이다.

나는 먼저 다소 일반적인 고려사항들에서 시작하고자 한다. 말소리들이 하나님으로부터 왔는가를 식별하면서 데레사는 그것들이 내적 능력과 권위를 가진다고 이야기한다. 그것들은 말하는 바를 이뤄낸다. 이를 분심에 적용하면, 우리는 하나님의 사랑하시고 창조시는 현존을 벗어나서는 그 어떤 것도 존재하지 않기 때문에, 우리를 흐트러뜨리는 생각들 또는 단지 단순하고 끊임없는 생각들조차도 그 안에 개인적 성장을 위한 건설적인 에너지가 포함되어 있다는 사실을 우리를 격려하기 위해 믿는다. 우리를 흐트러뜨리는 생각들 아래에는 이 생각 안에서 자기 목소리를 내고 있는 감정들이 있다. 만약 우리가 분심들을 무시하거나 그것들을 털어버리려고 한다면, 그 감정은 분출 직전의 화산처럼 마음 안에 남아있게 된다. 그러나 우리가 분심을 유발하는 감정을 찾아 그 속을 들여다보면서 분심과 함께하는 시간을 가진다면, 우리에게 문제를 일으키고 우리의 주의를 요하는 것들에 대하여 무언가를 할 수 있는 에너지에 접근하게 된다. 만약 우리를 혼란스럽게 하는 경험 속에 계신 하나님의 지속적인 현존을 믿는다면, 우리는 데레사와 더불어 우리를 끊임없이 흐트러뜨리는 말들이 하나님께 속한 것이라고 말할 수 있으며(하나님으로부터 오는 말소리들은 끈질기다), 하나님께서 우리를 적절한 행동으로 인도하실 것을 신뢰할 수 있다.

예를 들어 만약 혼란스러운 어떤 일이 공동체 안에서 발생한다면, 나는 그날의 나머지 기간 동안 내 마음 안에서 그것들이 재현되면서 그것에 대한 나의 감정이 강화되도록 하는 대신에, 하나님께 집중하고 나의 분심들에 집중하며 특별히 이러한 생각들이 유발하는 감정들에 주목하는 조용한 시간을 가진다. 그리고 나는 특별한 상황에서 분노의 감정을 발견했다. 모든 창조된 실재처럼 분노도 하나님의 창조물이기에 먼저 나는 그것을 받아들이고, 그 후에 내 자신과 분노의 감정을 하나님의 손에 내려놓았다. 분노를 부인하거나 무시하는 것 대신에 나는 하나님 앞에서 그것을 받아들였고, 그렇게 함으로 내면의 변화를 느꼈다. 분노는 창조적인 행동을 위한 에너지로 바뀌었다. 나를 화나게 했던 것의 주위를 산만하게 빙글빙글 배회하는 대신에 이제 하나님께 중심이 맞춰진 생각과 감정들은 내가 그 상황을 진정시킬 수 있는 긍정적인 어떤 것을 제안했다. 문제는 여전히 있었지만 그럼에도 불구하고 나는 무력감을 덜 느끼게 되었다. 나는 가능한 것을 할 것이며 나머지는 하나님의 손, 곧 그것이 속한 곳에 남겨둘 것이다. (한 현명한 영적 지도자가 종종 나에게 상기시켰던 것처럼 말이다.) 이 기도의 과정을 통해 나는 혼란스럽고 흐트러뜨리는 생각들을 효과적인 행동으로 바꾸었으며, 내 삶을 하나님께 더욱 온전히 내려놓음으로 유익을 얻었다.

식별에 대한 데레사의 두 번째 표지는 영혼에 남는 깊은 침묵과 마음에서 우러나는 평화로운 평정심과 하나님을 찬양하는 데 참여하는 자진함이다. 위에서 묘사된 예에서 나는 고요하고 정돈된 마음으로 내 일로 되돌아갔다. 그 상황에 관련된 분심들은 일단 내가 내 힘으로 해야 할 것을 했을 때에 더 이상 나를 괴롭히지 않았다. 그리고 나머지를 하나님의 손에 맡겼을 때에 내적 자유를 느꼈다.

아주 오랫동안 말씀들이 기억에 남게 되는 세 번째 표지는 어떤가? 막 언급한 것과 같은 경험을 한 후에 내가 발견한 것 중에 기억에 남아 있는 것은 하나님께서 책임을 지신다는 내적 확신이었다. 그리고 내가 모든 삶의 상황에서처럼 이것에 대해서도 하나님의 임재와 활동하심에 승복하는 태도로 있어야 할 필요가 있다는 내적 확신이었다. 하나님은 항상 어디에서나 인간 이야기, 그리고 이야기 안에 친밀하게 현존하신다. 우리의 믿음이 우리의 분심들을 조명하도록 허락할 때에 이러한 종류의 확신은 마음에 심겨진다. 게으른 수동성과는 다르게 하나님께 승복함은 우리 측면에서 건설적인 행동을 고려할 수 있도록 마음과 정신을 자유롭게 만든다. 우리가 분심들에 힘을 주는 감정들을 정직하게 대면할 시간을 가지지 않고, 하나님의 내주하시는 영에 의지하지 않고 우리의 분심을 들을 때에 우리는 명명되지 않은 감정들이 투사하는 행동을 충동적으로 결정할 수 있다. 인식되지 않은 분노나 분함과 같은 것들은 관련된 모든 사람들에게 파괴적일 수 있는 행동을 촉진한다. 우리가 감정에서 멀어지면, 정신(mind)은 우리가 듣기 원하는 것을 말하고 합리화하는 경향이 있다. 데레사가 하나님으로부터 오지 않은 말소리에 대하여 이야기한 것처럼 말이다.

하나님의 지속적인 임재에 대한 우리의 믿음이 분심을 다루는 데 있어서 우리를 돕도록 하지 않을 때에 어떤 일이 일어나는가? 나는 데레사가 악마의 탓으로 돌렸던 모든 것들과 우리가 부딪치게 된다고 생각한다. 우리는 적합한 행동에 대한 어떠한 확실성도 가지고 있지 않다; 평화나 내적 기쁨도 없다. 반대로 영혼 안에 평화나 빛 대신에, 불안함과 혼란함을 지니게 된다. 우리가 의도적으로 어둠과 좌절시키는 생각들 또는 자기 연민의 생각들을 간직할 때, 이것들은 필연적으로 분함과 조절되지 않는 분노 그리고 사람들 사이의 파괴적이고 억압적인 모든 것들이 그 근원을 두고 있는 내적인 "블랙홀"로 우리를 끌어들인다. 어려운 삶의 상황 속에서 "사탄"은 우리를 오직 어두운 측면만 보도록 유혹하여 그 결과 우리는 관점을 잃어버리게 된다. 우리는 희망 없음과 낙담 그리고 용서 못하는 마음에 쉽게 빠질 수 있다.

만일 말소리들(locutions)이 자신이 행해야 될 어떤 심각한 일이라든지 아니면 제삼자를 포함하는 일이라면, 학식 있고 현명한 고해신부인 하나님의 종의 의견을 듣고 참고하는 일이 없이는 절대로 무엇을 해서는 안 되고 또 그럴 생각조차 해서는 안 된다고 데레사는 지혜롭게 주장한다(6궁방 3,10-11). 분심이 우리를 혼란스럽게 하고 동요하게 만들어 놓을 때에는, 우리가 어떤 행동을 취하기 전에 지혜로운 조언을 구하라고 데레사는 알려준다. 객관적일 수 있으며, 생각 안에 강박적이 되는 모든 것에 대하여 보다 깊고 인식되지 않은 문제들을 다룸에 있어서 당신을 도울 수 있는 누군가와 함께 그것을 점검하라. 끊임없는 꿈들은 주의를 기울이도록 하시는 하나님의 말씀일 수 있으며, 혹은 믿음과 하나님께 승복하도록 축귀 의식을 필요로 하는 우리의 어떤 어둔 부분을 반영할 수 있다.

데레사는 여기에서 다시금 우리들에게 분심들이 야기하는 영의 회심을 우리가 얼마나 잘 다루고 있는지를 식별할 수 있는 표시들을 남겨준다(6궁방 3,17). 그녀는 영혼이 스스로를 작게 여기며 자기 자신의 죄악을 더 많이 인식한다고 말한다. 우리의 분심에 믿음을 집중하는 것은 보다 적게 자아 팽창을 초래할 것이다. 우리는 보다 실제적인 자아상에 이르게 되며, 이상주의의 구름을 벗어버릴 준비를 하게 된다. 실제 상황에 대해서 보다 우리 자신을 더 반영하는 판단하는 태도와 우리의 자기-의를 흘려보낼 수 있게 된다. 우리 자신과 다른 이의 불완전함과 친구가 되면서 우리는 말하자면 "인류에 동참하게 된다."-우리는 인류의 다른 이들과 함께 "죄인들의 공동체"의 구성원들로서 참으로 겸손하게 우리 자신을 인식할 수 있게 된다. 팽창된 자아에서 태어난 생각들이 마음의 회심으로 초대하며, 그 결과 우리는 다른 이들에 대해 덜 판단적이 되고 보다 덜 자기 중심적이 되며, 그리고 하나님의 눈을 통해 다른 이들을 보다 잘 볼 수 있게 된다. 데레사는 우리의 의지와 기억이 자기의 이익을 돌아보지 않고, 오직 하나님의 영광을 위하여 마음을 쓸 따름이라고 말한다(6궁방 3,17). 우리는 적절한 자신 없음에 이르게 된다. 한마디로 우리는 깨어지기 쉽고 유한하며 죄 많은, 그러나 하나님으로부터 무한히 사랑받는 우리 자신에 관한 진실 안에서 겸손하기를 배우게 된다.

6궁방의 특정한 적용들

6궁방에서 특히 다루는 내용들처럼 우리는 하나님과 함께 하는 삶에서 보다 더 깊게 들어가는 문턱에 설 때마다, 특별히 사탄의 유혹들로 공격받기 쉽다. 사전적 정의에 따르면 "분심"이라는 단어는 라틴어 "distractus" 또는 "distrahere"에서 유래한다. 그것은 다음과 같은 일련의 의미를 부여한다.

1. 다른 방향들로 끌어당겨 분리시킨다.
2. 목적으로부터 돌이키거나 목적에서 끌어내다; 한 지점으로부터 다양한 다른 목적들을 향하여 전환하다. 다른 모순되는 목적들을 향하여 이끌리다; 다른 사고들로 채우다, 당황케 하다, 혼동하다, 괴롭히다, 마음으로 고통을 겪다.
3. 이성을 무질서하게 하다, 지성의 규칙적인 작동을 흐트러뜨리다, 비정상적이 되게 하다; 미치게 하다.

6궁방에서 분심은, 내면의 끊임없는 말처럼 마음을 복잡하게 하고 혼란스럽게 하며, 당황하게 하고, 괴롭히고 고통을 줄 수 있다. 그리고 사실상 악마처럼 느껴지게 할 수 있다. 구체적인 인격적 실재에 뿌리를 내리지 않은 지속적인 어둔 생각들은 우리를 괴롭힐 수도 있다. 우리는 그들의 지속성으로부터 탈출할 어떤 통로도 가지고 있지 않는 것처럼 보인다. 우리는 그것들의 파괴적인 재촉을 따르도록 강하게 유혹받으며 하나님께 도움을 자주 구하는 것으로만 저항할 수 있다. 그러나 하나님조차도 우리의 곤경에 관심이 없으신 것처럼 보인다. 만약 그 경험이 진정으로 어둔 밤의 시험이라면 치료나 영적 지도도 어떤 통찰이나 안도감을 줄 수는 없을 것이다. 우리가 할 수 있는 모든 것이란 "하나님께서 당신과 아직 끝내지 않으셨기에, 그 시험의 고통이 당신을 괴롭히게 내버려두는 것이다." 이것은 내 자신의 가장 어둡던 시간들 중 한 기간 동안에 지혜로운 영적 지도자로부터 받은 것이다. "이 폭풍우들에 대한 치료책은 전혀 없다. 오직 하나님의 자비를 기다리라는 것뿐이다"라고 데레사는 말한다(6궁방 1,10).

시험이 끝나고 우리가 영원한 지옥처럼 느끼는 것으로부터 자유로워지면, 우리는 우리 앞의 실재의 새로운 시각과 함께 하나님을 위하여 보다 더 자유로운 우리 자신을 발견하게 될 것이다.[27] 이제 삶의 모든 것은

---

27) 우리 자신의 어둔 때에 관하여, 라너는 예수님의 어둠에의 강하(descent)에 대하여 훌륭한 해설을 한다. 그는 다음과 같이 기록한다. "우리를 시험하는 모든 마음 안으로 그리스도는 내려

부활하신 그리스도의 생명의 권능으로 충만해 보인다. 지상의 모든 것은 또한 하나님의 것으로 보인다.

6궁방 5장 10절에서 데레사는 영적 성장을 측정하는 데 소중한 도구들인 영혼 안에서의 하나님의 활동의 효과에 관한 표시들을 다음과 같이 제시해 준다.

> 첫째, 하나님의 위대성으로서, 우러러보면 볼수록 그만큼 깨달음은 깊어집니다;
>
> 둘째, 자아의 인식과 겸손으로서, 이것은 위대하신 창조주에 비하여 낮고 낮은 것이 어떻게 감히 당신을 거슬렀으며 감히 당신을 우러르는가를 보는 데서 오는 것입니다;
>
> 셋째, 세상 일체를 가벼이 여기는 것으로서, 위대하신 하나님을 섬기는 데에 소용되지 않는 것은 다 쓸데없다는 것입니다. 이것이 모두 임께서 당신 짝에게 내리기 시작하시는 보석인 것이니….

오셨다.… 그리스도는 이 심연에서 나오신 후에 모든 살아 있는 것이 들어있는 천상으로 올라가셨다. 나아가 모든 악독이 비롯되며 눈물의 모든 줄기가 근원을 가지는 그리고 모든 증오와 자기 본위가 지속되는 마지막 원천인 궁극적 타락의 그곳이 바로 그가 승리를 이룬 곳이다. 그는 세상을 그에게서부터 떠밀거나 끌어당김으로 승리한 것이 아니라 그 자신을 잃어버림으로써, 온 운명이 돌출하는 가장 안쪽의 중심 안으로 자신이 들어가게 했고, 이 중심을 점령하고 영원히 이를 받아들인 사실로서 승리한 것이다." *The Great Church Year*, edited by Albert Raffert (New York: Crossroad, 1993), p. 194.

우리는 데레사의 경험이 그녀에게 독특한 것이었다고 말하며 시작했다. 그녀는 16세기 스페인에서 살았다. 우주에 대한 그녀의 개념은 그 시대의 과학과 이를 둘러싼 사회적 통념에 제한되어 있었다. 동시에 그녀의 신비주의적인 환상(vision)은 하나님이 데레사에게 준 선물에서 반영된 것과 같이, 또한 그녀 자신을 둘러싼 세상에서 그것들을 이해한 것과 같이 하나님의 위대하심에 대한 깊은 지각을 주었다.

오늘날 새롭게 등장하고 있는 포스트모던 신비주의는 우리가 우주의 비밀들을 꿰뚫으면서 하나님의 위대하심 앞에서 훨씬 더 큰 경외감을 가지도록 인도한다. 지구라는 행성은 더 이상 우주의 중심이 아니며 도리어 우주와의 관계에서 볼 때 아주 작다. 샐리 맥페이그(Sally McFague)와 같은 생태 신학자들은 세상 속에서 일어나는 하나님의 활동의 위대함과 신비에 대한 우리의 이해를 확장시킨다. 그녀는 하나님의 몸으로서의 세상을 상상한다.

> 세상의 몸으로서 하나님은 십자가에 영원히 못 박혀 계시는데, 왜냐하면 세상의 몸이 고통을 받는 것처럼 하나님이 고통을 받으시기 때문이다. 우주에서 새로운 생명, 황홀경(ecstasy), 평온 그리고 성취가 일어날 때마다 하나님은 이 즐거움들을 경험하시고 그 기쁨 안에서 각 피조물과 함께 즐거워하신다.[28]

하나님의 몸으로서 우주를 표현하는 은유는 그리 놀랍지 않게 데레사의 글 안에서 반복된다. 신비적인 통찰력은 종종 과학적인 발견에 앞서 나타나 왔다.[29] 6궁방에서 데레사는 이미지의 놀라운 변화를 필요로 하는 환상에 대하여 자세히 말한다. 지금까지 영혼은 그 중심의 방, 즉 영혼이 신과의 연합을 받아들일 때에 취하게 되는 장소인 영혼의 포도주 저장고 안에 하나님께서 계시는 성(城)이다. 그러나 무언가 놀라울 만한 일이 이제 우리 앞에서 일어나게 된다:

> 대단한 지성의 보임으로서, 여기서는 존재하는 모든 것이 어떻게 **하나님 안에** 있고, 어떻게 하나님은 그 모든 것을 **당신 안에** 지니고 계시는가 환히 드러나는 것입니다. 우리 하나님께 죄를 지을 때 바로 **하나님 안에서, 즉 당신 안에 있으면서** 그 큰 죄를 짓는다는 사실, 이 악한 노릇이 환히 보이니 어찌 부끄럽지 않겠습니까?(6궁방 10,2). [고딕체는 저자 강조]

---

28) *Liberating Life: Contemporary Approaches to Ecological Theology* edited by Charles Birch et al (Maryknoll, NY: Orbis Books, 1990), "Imaging a Theology of Nature: The World as God's Body" by Sally Mcfague, pp. 201-227.

29) 나는 1980년 "보편적 원형으로서의 수도자"("The Monk as Universal Archetype")라는 국제 심포지엄에 주 연사인 Raimundo Panikkar와 함께 초대받았다. 나와 같은 소그룹에 속한 한 뇌과학자가 잊지 못할 역설적인 진술을 하였다. "신비가들은 세상에서 가장 거대한 표절자들입니다(plagiarizer). 그들은 대대로 우주에 관하여 얘기하는데, 그것은 과학자들이 그와 같은 실재를 발견하기 400년 전의 일입니다."

그녀가 얼마나 자주 반복하여 말하는지를 주목하라. "나는 그분 안에 있음을 말하는 것입니다." 마치 확실히 우리가 그 점을 이해하도록 말이다. 데레사는 이어 말한다.

> 그럼 이제 하나님이 어마어마하고 화려 찬란한 집 혹은 궁전이시라 합시다. 말하자면 이 궁전이 바로 하나님이시라 해보자는 것입니다. 그렇다면 죄인이 악한 짓을 하려 들 때 꼭 이 궁전을 떠야 하겠습니까? 아닙니다. 그렇지 않습니다. 바로 궁전 안에서, 즉 우리가 짓고 있는 추행, 파렴치 같은 죄는 모두 바로 하나님 안에서 저질러지고 있단 말입니다(6궁방 10,3).

"바로 하나님 안에서"라는 반복된 표현을 주목하라. 하나님은 이제 신성한 성이다. 선을 위한 것이나 악을 위하는 모든 것이 하나님 안에서 진행된다. 하나님은 전 세계의 대기 또는 생명을 주거나 생명을 파괴하는 모든 것이 일어나는 세계의 자궁과 같다. 이 세상에 있는 모든 것이 하나님 안에서 일어난다. 분심을 포함하여 우리에게 일어나는 모든 것은 하나님 안에서 일어난다. 이러한 이미지로부터, 내가 분심의 거름더미라고 부르는 것이 다음을 다루도록 고안했다. 분심의 일반적인 흐름과 특별히 분심이 미사를 봉헌할 때 온다면, 지금이 아니라 궁극적으로 나의 주의를 요하는 반복적으로 나타나는 분심들을 다루도록 고안했다.

나는 그것들을 판단하지 않고 단순히 인정한다. 그러고 나서 그것들을 나의 분심 거름더미에 던져놓는다. 나는 세상에 스며드는 하나님의 에너지가 나에게 불편하게 여겨지는 것들을 다른 이들에게 생명을 주는 어떤 것으로 바꾸어 주실 것을 믿으며 그렇게 한다. 만약 그것들이 하나님께서 내가 다루기를 원하시는 무언가를 나타내는 것이라면 마음을 흐트러뜨리는 생각들은 다시 돌아올 것이며, 나는 그것들에 대하여 보다 적합한 시기에 적당한 주의를 기울일 것이다. 하나님의 위대하심 앞에서의 지식과 경외심은 마음의 집중을 도우며 영혼을 기도로 인도한다.

데레사가 우리의 기도 체험을 실증하기 위하여 제시하는 두 번째 표지는 자아 인식과 겸손 안에서의 성장이다(6궁방 5,10). 그녀가 표현한대로 영혼은 하나님의 빛 안에서 너무나 위대하신 창조주와 비교하여 죄 많고 낮은 자신을 보게 된다. 하나님의 위대성 앞에서 자신을 보는 것은 무엇보다 먼저 삶을 균형 잡힌 관점으로 보는 것이다. 어려운 것들이 일어날 수 있으나 그것들은 상상이 제시하는 바대로 세상의 끝이 아니다. 하나님은 우리가 하나님의 눈으로, 즉 마음에 비춰주시는 궁극적 진리의 렌즈를 통하여 모든 것을 보도록 초대하신다. 하나님 빛 안에서, 우리는 마치 태양빛이 한 잔의 물을 통과할 때에 그 안에 있는 더러운 것들을 볼 수 있는 것처럼 우리 자신을 보게 된다. 이 경험은 자기-경시 또는 신경과민적인 죄책감과는 다른 것이다. 데레사가 말한 것처럼 이 경험은 덕, 평화, 고요 그리고 진보를 남긴다. 이 궁방은 진리의 방이다.

우리는 무한하고 긍휼이 풍성하신 사랑이신 하나님의 존재 안에 있는 깨어지기 쉽고, 유한하며, 때때로 죄 많은 존재로 우리 자신을 보게 된다. 첫 번째 표지에 대한 가장 심오한 이해인 하나님의 위대하심에 대한 지식은 하나님께서 우리의 죄 많음 가운데서조차 우리를 사랑하신다는 깨달음이다. 하나님의 위대하심은 바로 우리의 죄 많고 종종 분산된 마음들이 하나님께는 문제가 되지 않는다는 사실이다.

데레사의 식별을 위한 세 번째 요점인 "지상의 것들에 대해 가벼이 여기는 것"은 우리가 사는 이 생태 시대에 새로운 의미를 가진다. 지구의 천연자원의 파괴가 우리 행성에 거주하는 모두에게 늘어나는 위험을 내포함을 인식하며 우리는 데레사의 말에 대한 의심의 해석학을 가져온다. 지상의 것들에 대해 적은 관심을 가지라는 그녀의 명령은 우리 생태 시대에서는 신의 관점으로 자연을 포함한 모든 것을 보라는 것이 된다. 모든 것은 하나님 안에서 살아 있으며 움직이고 존재한다. 우리의 영적 경험의 진정성에 대한 오늘날의 표시는 지구에 대하여 덜 존중하는 것보다는 더욱 존중하는 것이다. 하나님 안에서 만물은 신성하다.

위대하신 하나님을 섬기기 위하여 지상의 것들을 사용한다는 것은 우리가 하나님의 현존의 형식으로서 창조의 선한 것들을 존중하며 우리 자신의 이기적인 이익을 위하여 그것들을 남용하지 않는다는 것을 의미한다. 과도한 소비, 무심한 낭비, 생각 없이 버려진 쓰레기들 그리고 지구를 더럽히는 다른 형태들은 영과 물질 사이의 내적 연관성에 대한 새로운 인식으로의 회심을 요청하고 있다. 우리는 신의 성육신 그 자체가 피조물 안에서의 하나님의 친밀하고 창조하며 지탱하는, 그리고 에너지를 주는 현존의 완전한 개화로까지 확장한다고 감히 제안할 수 있는가? 만약 우주가 실로 은유적으로 하나님의 몸으로 상상될 수 있다면 물질의 성스러움과 함께 그리스도에 대한 믿음은 서로에게, 그리고 오늘날의 진정한 영적 삶을 위하여 없어서는 안 될 중요한 것이 된다. 우리는 더 이상 우리 스스로를 인간적이고 지상적인 관심으로부터 떼어놓는 방식으로 하나님과 관련될 수 없다. 『영혼의 성』의 후기에서 데레사는 성의 상을 미화하는 자연의 풍부함을 그리고 있다. 그녀는 다음과 같이 쓴다.

> 내가 다룬 바는 일곱 궁방들뿐이었지만, 그 궁방마다의 위아래로 옆으로 많은 궁방이 있습니다. 거기에는 아름다운 정원이며, 샘물이며, 아기자기한 것들이 수도 없이 많아서 여러분은 당신 모습을 따서 이 성을 만들어주신 위대하신 하나님을 전심 전령을 다하여 찬미하려 들 것입니다(후기 3).

생태학적 남용의 어떤 형태도 우주이자 그리스도, 그리고 집합적인 인류 가족인 하나님의 몸을 거스르는 죄악이다. 그리스도의 죽음과 부활을 통해 하나님 안에서 우리가 살아가고 움직이며 존재를 이루게 되는데, 그 하나님께로 존재하는 만물이 모아졌기 때문에 이 궁방의 연합의 손길들은 만물이 신성하다는 심오한 인식을 일깨운다.

데레사가 반복적으로 우리에게 충고한 대로, 이 6궁방은 시련과 호의, 그리고 죽음과 부활에 관한 것이다. 이 궁방은 그리스도와의 영적인 약혼을 위하여 영혼을 준비시킨다.

우리를 하나님께 집중하지 못하게 하는 것처럼 보이는 모든 것에도 불구하고 보다 깊은 신앙으로 초대하시는 하나님께 우리가 개방되어 있는 이상, 그 어떤 것도 우리를 하나님으로부터 분리할 수 없다. 대단한 끈질김과 그것들이 일으키는 내적 혼란, 그리고 하나님께 우리의 삶을 내려놓는 것에서 벗어나게 하는 것처럼 보이는 분심들의 능력으로 인해 악마처럼 느껴지는 분심조차도 하나님은 신적 변화의 지속되는 과정 안에서 사용하신다.[30] 우리는 이 6궁방에서 영혼이 경험하는 것들의 의미로 지속적으로 돌아갈 필요가 있다. 하나님은 하나님 자신과의 연합을 위하여 우리 인격을 만들어 가신다. 신비적인 언어로 이는 영적 결혼이라고 알려져 있다. 사람들 간의 결혼에서처럼 영적 약혼은 영적 결혼을 위한 준비 과정이다. 깊은 친밀감이 이미 영혼과 하나님 사이에 존재한다. 이것은 이 실재에 너무나 적합하지 않은 자신을 볼 때 개인이 느끼

---

30) "항복은 포기하는 것이 아니라 계속 앞으로 나아가는 것이다." "Surrender is not about giving up; it is about moving on," Joan D. Chittester, *Scarred by Struggle, Transformed by Hope* (Grand Rapids, MI: William B. Eerdmans Publishing Company, 2003), p. 59.

는 고통과 그럼에도 불구하고 가득 찬 열렬한 갈망을 설명해 준다. 한편으로는 천둥 벼락 같은 갑작스런 깨달음(6궁방 2,2)이라는 신의 은총의 경험이 있으며, 또한 "하나님은 이글이글 타오르는 화톳불…. 거기에서 불티 하나가 튀어나와 영혼에 닿게 되어"(6궁방 2,4)[31] 일어나는 사랑의 상처가 있다. 또한 모든 감각을 통하여 퍼지는 영적 향기로움의 경험(6궁방 2,8), 말소리(6궁방 3,1-18), 황홀과 무아경(6궁방 4,1-17)의 경험들이 있다. 이것들은 과거에 속한 것들이 아니다. 그것들은 보통 덜 극적인 방식으로 경험되지만, 그러나 만약 주의 깊게 듣는다면 우리는 영적 지도에 있는 사람이 이와 비슷한 것을 말하는 것을 들을 수 있다. 한 예를 들어보면 다음과 같다. "나는 당신이 이것을 환상이라고 부를 수 있을지는 잘 모른다. 나는 어떤 것도 정말 보지는 않았다. 그러나 모든 곳에서 모든 사람들을 포용하시는 것처럼 보이는 하나님의 마음을 보았다. 그리고 만약 내가 하나님과 연합되고자 갈망한다면, 내가 그들을 좋아하든지 싫어하든지 보다 사람들을 포용할 수 있도록 하기 위해서는 하나님께서 나의 마음을 넓히시고 그 능력을 확장시키도록 허용해야만 할 것이라는 사실을 내면 깊이에서 깨달았다."

---

31) 『자서전』 29:10, 13을 참조하라.

요약

데레사는 우리들에게 이 6궁방은 역설의 방이라고 말한다. 우리가 하나님 안에서 모든 것을 보기 위해서 우리의 인식을 흐트러뜨리는 무질서들이 정화되고 개정될 때 시련과 은총은 서로 함께 간다. 6궁방은 한편으로 하나님의 자기 소통의 열매인 하나님을 향한 열렬한 갈망으로 특징지을 수 있으며, 또 다른 한편으로는 시험과 어둠의 경험으로 특징지을 수 있다. 그것은 어둔 밤의 장소이다. 이 궁방에서 데레사는 자신이 하나님에 의하여 거부당하고 있다는 감정을 느끼게 하고, 기도하지 못하게 하며, 지옥의 고문으로 고통 받는 것처럼 하는 내적 그리고 외적 힘들과 싸운다.[32] 우리 모두는 자신의 사슬을 단조하고는, 무의식적으로 우리를 노예로 만드는 것을 경배하기 시작한다. 사탄이 6궁방에서 거대하게 나타나 보이는 것은 당연하다. 그러나 하나님은 혼인의 연합으로 마음을 훨씬 더 큰 강렬함으로 이끄시면서 보다 더 거대하게 나타나 보이신다. 계시록은 하나님의 자기 계시의 최종적인 말씀으로 끝맺고 있다; 하나님의 궁극적인 이름으로; **"보라. 내가 만물을 새롭게 하노라"** (계 21:5). **"내가 만물을 새롭게 하노라"** 는 말씀은 하나님의 이름이자 우리에게 대한 하나님의 영구적인 내어주심이다.

---

[32] 지옥 속의 그녀 자신에 대한 환상은 『자서전』 38:1을 참조하라.

6궁방의 시련들은 잠재력의 고통에 관한 것이다. 데레사의 환상과 말소리에서 없어서는 안 될 시련들은 하나님과의 연합을 위하여 그녀의 잠재력의 거대함으로 데레사를 개방하시는 하나님의 방법이다. 하나님은 우리들에게 동일한 은총을 주신다. 우리가 살펴보았듯이 금강석으로 이루어진 성인 우리 자신은 여기에서 하나님의 친밀한 현존의 손질을 받게 된다. 신의 영역 밖에 있으려고 시도하는 인간 삶의 모든 것들은 사랑의 정화하는 불의 것이 된다. 그리스도 안에서 하나님과의 영적인 약혼은 죄악으로부터 회심하는 첫 번째의 머뭇거리는 "예"의 고백에서 시작되어 이 6궁방에서의 일치의 황홀한 손길에까지 이르게 된다. 이곳에서의 이슈는 우리의 부주의한 영, 깨어있음의 부족이다. 하나님은 자비롭게도 영혼의 눈앞에 깊게 뿌리박힌 태도와 편견이 하나님과의 연합의 궁극적 열매인 포괄적이고 자비로운 사랑을 어떻게 속이는지를 보여주신다.

오늘날 우리에게 주는 데레사의 선물은 우리가 우리의 불완전성의 짐들을 감내할 수 있도록 도와주며, 분심과 염려 그리고 두려움이 우리를 사로잡지 못하도록 보관하는 신성한 보관함을 기도 가운데 발견하도록 돕는 것이다. 우리의 완성은 하나님 안에 있다. 하나님은 우리의 온전함과 부족함 양자에 임재하신다. 하나님은 우리를 가장 깊은 자아의 포도주 저장고인 중심의 방, 즉 안으로 인도하시며, 또한 우리를 하나님 안에서 만물을 포용하도록 밖으로 이끄신다. 모든 것이 하나님 안에 존재한다. 모든 인종과 피부색 그리고 종교적 신념의 사람들과 함께 모든 피조물은 하나님 안에 고향을 가진다.

제7장

제7궁방

    7궁방에서 데레사는 영혼 안에 놓여 있는 깊은 비밀을 드러낸다(7궁방 1,1). 그녀는 이 장을 쓰기 시작하면서 그녀 앞에 놓인 과제에 대해서 경이로워한다. 그녀가 용감하게 쓰는 것은 바로 그리스도가 영혼을 영적으로 그의 배우자로 취하시는 하나님과 영혼의 결혼에 관한 것이다. "그는 영혼을 그의 궁실로 들게 하십니다. 하나님께서 영혼을 당신께 합치신다고 나는 믿습니다"(7궁방 1,5). 그러나 이것은 영적 약혼과는 다른 연합이다. 이것은 영혼의 기능들의 흡수를 통하여 일어나는 것이 아니라 하나님의 삼위일체적인 현존에 대한 영혼의 신비적 인식을 통해 일어난다. 영적 결혼에서, 자기 자신을 주시는 사랑의 삼위일체 하나님은 정확하게 하나님과 영혼의 일치로부터 비롯되는 섬김을 위해 자유를 주신다. 그 섬김의 동기를 유발하는 에너지는 하나님 자신의 자기를 내주는 사랑이기 때문에 "그는 모든 일에 있어 스스로 나아가는 것을 느꼈고, 아무리 많은 일을 하고 고생을 하더라도 영혼의 본질은 궁실을 떠나는 법이 없습니다"(7궁방 1,10). 이것은 "둘이 떨어져서 따로따로 저 혼자 있을 수 있는"(7궁방 2,4) 영적 약혼의 경험과는 다르다. 영적 결혼에서 "영혼은 항상 그 핵심에 하나님과 함께 있다"(7궁방 2,4). 강으로 떨어지는 빗물처럼 둘은 더 이상 분리될 수 없다. 반복적으로 데레사는 우리에게 영혼은 그 중심에서 떠나지 않고 그 평화를 잃어버리지 않는다고 말한다. "우리 영혼에게 생명을 주시는 분이 하나님이심을 신비로운 그 어떤 열망으로 확실히 깨닫기 때문입니다"(7궁방 2,6).

비록 데레사가 이 궁방에는 능력들과 상상력 가운데 보통 일어나는 영혼에 해를 주는 움직임이 없으며, 이러한 휘저음들은 영혼의 평화를 빼앗아가지 못한다고 우리에게 말하지만, 그럼에도 불구하고 그녀는 "우선 알아둘 것은 능력과 감각과 감정이 항상 이 평화 속에 있지 않다는 점입니다. 영혼 자체는 이 평화를 누리고 있으나 이 궁실에 들었다 해서 싸움과 고생과 피로할 때가 없지는 않습니다. 다만 영혼이 있는 자리며 그 평화를 앗아가지 못하는 것이 보통입니다"(7궁방 2,10)라고 말한다.

7궁방은 하나님 안에서 진실로 편안한 우리 자신의 개인적 경험이다. 우리는 의심 없이 우리가 하나님 안에 거하고 하나님이 우리 안에 내주하신다는 것을 알고 있다. 안다는 말의 완전한 의미로, 우리는 우리의 삶 자체가 신적 사랑의 포옹 안에 붙잡힌 바 되어 매 순간마다 실연되어지는 것을 안다. 삶의 모든 부분이 이 쉼의 중심 궁실인 7궁방으로부터 인식되며, 살아가게 되고 평가된다. 이제 한 사람의 전 인격이 내부로 향해 있고, 하나님의 음성과 하나님이 말씀하시는 여러 가지 방법에 민감하게 조율되어 있다. 우리가 높이 평가하고 소중히 여기는 모든 것인 우리의 소망과 열망은, 하나님을 향한 올곧은 마음과 모든 것을 불태우고자 하는 사랑의 초점과 응시 안에서 보여진다. 내적 빛은 우리로 하여금 완전히 존재를 내주는 길에 우리를 계속 있게 하는 방향을 가리킨다.

이것은 평화의 방들이다. 이 중심 공간으로부터 나오는 삶은 삶의 얽힘으로부터 우리를 자유롭게 한다. 우리가 중심으로부터 살아갈 때 그 빛은 안에서 밖으로 나아간다. 자신의 중심으로 사는 것은 내면을 향하여 살아가는 것이다. 데레사는 말한다. "모든 것은 영혼이 심어진 그 뿌리에서 비롯되는 것이다"(7궁방 2,9). 나무는 하나님의 생수에 심겨져서 풍부한 열매를 준다. 우리는 천상의 물과 하나가 된다.

우리 모두 안에는 이 우주 안에서 자리를 찾고, 평화로우며, 조화를 이루고 완전히 그리고 충분히 통합되고자 하는 열망이 존재한다. 우리는 집착이나 중독, 그리고 순간에 완전히 현존하는 것, 한마디로 평화 가운데 사는 것으로부터 우리를 흐트러뜨리는 모든 것으로부터 자유하기를 원한다. 이것은 우리가 씨름할 가치가 있는 것이다. 도덕적, 감정적, 심리적 그리고 영적 안녕을 향하여 나아갈 수 있도록 우리를 돕는 것은 무엇이든 가치가 있다. 그러나 우리 자신의 노력을 통해 얻을 수 있는 감정적 평정심이나 심지어 깨어지기 쉬운 평화가 데레사가 의미하는 자신의 중심으로부터 살아가는 삶과 혼동되거나 동일화되서는 안 된다.

데레사는 하나님 한 분만이 초래하실 수 있는 변화를 묘사하고 있다. 데레사가 묘사하는 이 평화는 "창조되지 않는 성령과 천상의 일치로 연결된 우리의 영"의 열매이다. 인간적인 노력을 내려놓자 "영혼 안에 작용이 일어서 영혼은 일체의 형체를 떠난 순수한 얼로 남고 하늘스런 합일로 지음 없으신 얼과 함께 결합될 수가 있을 것입니다"(7궁방 2,7). 그 결과로 초래되는 평화는 그 근원이 능력들의 기능이나 작용 밖에 존재하기 때문에 능력들의 많은 혼란 가운데서도 가능하다. "우선 알아둘 것은 능력과 감각과 감정이 항상 이 평화 속에 있지 않다는 점입니다. 영혼 자체는 이 평화를 누리고 있으나 이 궁실에 들었다 해서 싸움과 고생과 피로할 때가 없지는 않습니다. 다만 영혼이 있는 자리며 그 평화를 앗아가지 못하는 것이 보통입니다"(7궁방 2,10). 데레사는 중심 궁방의 선물인 평화가 고통과 불완전함과 일치한다고 주장한다. 잘 알려진 영성 작가인 헨리 나우웬은 라르쉐 공동체를 돕는 자신의 경험으로부터 이렇게 쓰고 있다:

"영적 다시 태어남이 마음의 평화[기능들 안에서의 평화]를 필수적으로 포함하는 것은 아니다. 그것은 내적 고요함, 감정적인 조화, 다른 사람과의 거리낌이 없는 관계, 잘 균형잡힌 인격을 필연적으로 포함하지 않는다. 이 모든 인간 가능성들은 위로부터 다시 태어난 사람을 잘 특징화할지도 모른다. 그러나 그것들 중 어떤 것도 실제 영적인 사람을 만들지는 못한다. 실제로 불안해 하고, 근심하며, 협력하기 어렵고, 그들의 행동을 아주 예측할 수 없는 거룩한 사람들이 많이 있다. 자주 그들의 인격은 그들의 영적 부르심과는 조화하지 못하는 것 같고 종종 그들이 성령 안에서 살도록 하는 그들의 부르심이 그들을 심리적으로 매력 있는 사람이 되도록 하지 못하기 때문에 굉장히 고통을 겪는다. 때때로 그들은 우리가 실제 영적인 문제라고 생각하는 것에 무관심하고, 우리의 질문에 성급하며 아주 사회적이지 못하게 보인다. 우리는 교회가 성인이라고 부르는 남자나 여자들 중 많은 사람에게서뿐만 아니라 사도들 가운데서도 이러한 것을 볼 수 있다."[1]

깊은 내적 거룩함, 심오한 승복, 견고한 믿음은 보기 흉하게 모양이 뒤틀린 나무의 근원이 될 수 있다. 어떤 사람들에게는, 그들이 안고 있

---

1) Henri Nouwen, "Reborn from Above," in *Spiritual Life*(Washington, DC: ICS Publications), Spring, 1992.

는 고통의 깊이가 의식으로 가져오기에는 너무 클 수도 있다. 그래서 그것은 어렵고 적절하지 않은 행동으로 옮겨진다. 이런 상황에서, 우리의 본분은 분리된 채로 머무르며 우리의 문제가 아닌 것에 뒤얽히지 않는 것이다. 이것이 우리의 책임이 될 때, 혹은 해야 할 사랑하는 일이 될 때 우리는 도전하고 돕는다. 그리고 우리 모두가 서로의 짐을 지고 있기 때문에 긍휼과 겸손의 선물을 위해 기도한다. 우리는 다른 사람이 우리로 인해 고통을 겪는 것을 정말 인식하지 못할 수 있다. 심리적인 안녕이 항상 중심 궁방에 있는 하나님의 활동과 보조를 유지하지는 않는다. 비록 우리의 한계가 마음의 가장 깊은 열망에 따라 반응하는 우리의 능력을 혼란스럽게 하고 당황스럽게 한다고 할지라도 그것이 하나님의 지속적인 자기 소통을 방해하지는 않는다.

7궁방에서의 경험을 설명하며 데레사는 우리 각 사람과 이루어지는 하나님의 자기 소통이 얼마나 강렬하게 인격적인지를 깨닫는다. 기도는 듣고자 하는, 어떤 면에서 하나님을 보고자 하는, 그리고 우리에게 유효한 모든 사랑과 자유를 가지고 하나님께 응답하려고 하는 인간의 시도이다. 심지어 하나님은 데레사에게 말씀하신 것처럼 우리에게 말씀하시고, 때때로 우리는 믿음의 눈을 통해 하나님을 얼핏 보게 된다. 우리는 가난한 사람들이 도움의 손길을 뻗을 때 그들 안에서 고통당하는 그리스도의 얼굴을 본다. 전쟁의 파괴로 고통당하는 사람들의 아픔 안에서, 뿐만 아니라 우리가 소중히 여기는 사람들의 눈 안에서 고통당하시는 그리스도의 얼굴을 본다. 우리의 본분은 우리와 소통하려고 하시는 하나님의 끊임없는 열망을 신뢰하고 하나님의 자기 현시의 다양성에 개방하는 것이다.

7궁방에서 우리는 십자가에 못 박힌 분의 노예가 된다. 고통 없이 살아가는 인간이 되는 길은 없다. 궁방들을 지나가는 우리의 여정에서 동무인 그리스도와의 상호관계는 자기 자신을 내주는 자리로 우리를 데리고 간다. 여기에서 마르다와 마리아가 상호 섬김으로 합하여진다. 하나님께 완전하게 응답하는 것은 그리스도처럼 하나님의 표상으로 십자가가 새겨진 하나님의 노예가 되는 것이다. 노예들은 그들의 피부에 그들의 소유주를 나타내는 특별한 표시를 가지고 있었다. 어렸을 때 우리는 세례 때 지워지지 않는 흔적이 영혼에 새겨진다고 배웠다. 우리는 물을 맞으며 십자가의 표시와 함께 기름부음을 받아 "그리스도-화(Christ-ed)" 되었다. 십자가는 데레사에 대한 하나님의 소유권을 나타낸다. "각자가 제일 작은 사람이 되고 모든 이의 노예가 되도록 힘써야 합니다. 무엇을 어떻게 해야 모든 사람을 기쁘게 하고 섬길 수 있는가를 생각해야 합니다"(7궁방 4,8). 그 같은 태도는 자기-정체성과 안전의 근원에 있어서 다른 사람의 승인을 필요로 하는, 강박적으로 "기쁘게 하는 사람"(pleaser)이 되거나 "영향 받기 쉬운 사람"(push over)이 되는 것과는 다르다. 그보다도 이것은 우리가 예수님을 따르는 삶에서 복음을 진지하게 받아들이는 것을 의미한다.

상호 내어줌 안에서 반드시 자신을 나타내는 것을 필요로 하는 억누를 수 없는 사랑의 내주하시는 삼위일체의 내적 긴급성은 우리가 자신을 주는 사랑 안에서 한층 더 노력하는 것을 가능하게 해준다. 이것은 소진으로 이끄는 강박적이고 열광적인 행동과는 매우 다른 것이다. 여기에서 다시 나는 우리의 분심들의 성질이 우리에게 그 차이를 알게 하는 데 도움을 줄 것이라고 주장한다. 만약 정신(mind)이 항상 경주하고 있고 마음(heart) 안에 평화가 부족하다면 우리는 최소한 우리 행동의 에너지가 그리스도에 의하여 유발되기보다 좀 더 자아 강압적이지는 않은지 살펴볼 수 있다. 몸은 우리가 정해진 거리보다 더 여행할 때 고통을 겪을 수 있는 것이다. 데레사는 성의 바깥방들에서는 많은 혼란의 여지가 있다고 말한다. 그러나 중심 방에서 영혼은 평화롭다. 가장 깊은 자아의 포도주 저장고 안에서 하나님과의 지속되는 일치의 열매인 이 평화는 인생의 바다에서의 소란에 의해 영향을 받지 않는다.

그리스도의 자기 자신을 주는 사랑은 데레사 안에서 그것을 반영한다. 그리스도와 그녀의 관계는 서로 자기를 내주는 관계이다. 그리스도는 데레사로 하여금 "네 것과 내 것을 바꿀 때가 바야흐로 왔다. 나는 네 일을 내 일처럼 보살피리라"는 말씀을 이해할 수 있도록 하셨다(7궁방 2,1 또한 7궁방 4,15). 교황 요한 23세가 여기에서 떠오른다. 교회의 엄청난 혼란의 시기에 그는 평화롭게 머물렀다. 밤에 그는 말하곤 했다. "하나님, 당신의 교회입니다. 나는 잠자리에 들겠습니다." 탕자의 아버지가 탕자의 형에게 말한 것처럼 그리스도는 우리 각자에게 말씀하신다. "**내가 가지고 있는 모든 것이 너의 것이다.**" 데레사는 우리에게 확신을 준다. "주께서는 당신이 십자가 위에서 우리를 위해 아버지께 바치신 제사에다 우리 제사를 합쳐서 우리의 일이야 작고 작을망정 우리 마음을 보시고 값있게 해주실 것입니다"(7궁방 4,15). 데레사는 그리스도의 인성에 고정된 그녀의 시선을 유지함으로써 참된 제자도를 배운다. 우리 마음의 메마름, 일상의 관심사들에 대한 따분함, 국제적인 폭력과 불의의 심각함 앞에서 갖게 되는 절망에 대한 유혹, 이것들 중 어떤 것도 효과적으로 그리스도의 창조와 재창조의 영을 차단하지 못한다. 우리를 위해 삶이 갖고 있는 것은 무엇이든 그리스도가 이미 붙잡고 계시므로 우리의 변화를 위해 그것들을 사용할 수 있다. 이것은 정확하게 인간의 삶으로 오신 하나님의 성육신에 관한 것이다. 그리스도는 인간적인 모든 것을 그 자신 안으로 취하셨으므로 인간적인 모든 것은 이제 또한 하나님께 속한 것이 된다.

우리는 그녀의 『창립사』(*The Book of Foundations*)로 향함으로써 영적 결혼의 은혜 체험 이 후의 데레사의 삶이 어떠하였으리라는 것을 희미하게나마 알게 된다. 데레사는 7궁방에서 우리에게 확신을 준다. "내적 시련이나 메마른 감정이 없습니다. 그러나 영혼은 우리 주님에 대한 기억과 주님의 부드러운 사랑으로 살아갑니다. 영혼이 흐트러졌을 때 주님은 언급된 방식으로 영혼을 깨웁니다"(6궁방 2장 전체와 7궁방 3,8). 그

녀는 다시 쓴다: "다른 궁방들에서 이따금 있던 마음의 메마름이나 시끄러움이 거의 없고 영혼은 거의 항상 고요 잔잔하다는 것입니다"(7궁방 3,10). 그러나 우리가 창립에 대한 기술을 읽을 때 그림이 변한다.

그녀의 가장 어려운 창립 중의 하나는 안달루시아(Andalusia) 관구, 스페인의 남쪽 지방에 있는 세비야(Seville)의 창설이다. 여기에서 데레사는 엄청난 어려움에 직면한다. 뜨거운 열, 높은 열병, 형편없는 숙박시설, 위험한 강을 건너는 것은 그녀의 시련들 가운데 가장 덜한 것들이었다. 대주교와의 어려움들, 그들의 필요에 적당한 건물을 찾는데 있어서의 어려움 등 수녀원 창설 가운데 그 어떤 것도 이 수도원만큼 그녀에게 이만큼의 대가를 지불하게 한 것은 없었다고 말한다(『창립사』 26.2). 그녀는 두려움, 심지어 "큰 공포심"을(『창립사』 28.14) 겪었으며 때때로 "두려움과 의심"의 유혹을 받기도 했다(『창립사』 28.19). 그녀는 괴로움의 감정을 언급하며 엄청나게 보이는 굉장한 문제들로 인한 불안함 또한 언급한다. 부르고스(Burgos)에 창설하는 것을 부탁받았을 때, 그녀는 말한다. "나는 감기로 악화된 많은 병들을 가지고 부르고스처럼 추운 곳에 가는 생각을 품을 수가 없었습니다"(『창립사』 31.11). 데레사가 영적 결혼의 은혜를 받은 1572년부터 그녀의 사망 연도인 1582년까지, 그녀는 창설하는 과정에 있었던 혹은 도움이 필요했던 카스티야(Castile)와 안달루시아의 57개 도시들을 방문했다. 열기와 추위 속에 당나귀나 노새가 끄는 마차를 타고 험한 지역을 여행하는 동시에 거의 끊임없는 질병으로 인해서 이러한 상황이 악화되는 불편을 우리는 다만 상상만 해 볼 따름이다.

이 모든 것은 영적 결혼이 비실재의 천상적인 영역으로 사람을 데려가지 않음을 상기시켜 준다.

여러분은 이 말을 듣고 나서, 그럼 그런 사람은 얼이 빠져서 어떤 무엇을 이해할 수 없을 만큼 황홀한 상태에 있다고 생각하실 것입니다. 하지만 이전보다 한결 더 그는 하나님을 섬기는 일에 전심하고, 일이 없으면 신과 더불어 흐뭇한 사귐을 즐기는 것입니다(7궁방 1,8).

삶은 계속된다. 비록 성의 외부 방들 안에서는 소란이 있을지라도 영혼이 성의 중심 방에 평화롭게 머무르기 때문에 어떤 것도 이전과 같지는 않다. 데레사는 우리에게 말한다.

자매들이여, 내가 이야기한 이 결과들이(7궁방 3,2-10) 이 경지에 있는 영혼들에게 항상 똑같다고 생각해서는 안 됩니다. 그 때문에 나는 생각날 때마다 이것은 보통 상태라고 덧붙입니다. 왜냐하면 때로는 우리 주께서 저런 영혼들을 자연의 상태에 버려두시는 때가 있는데, 그럴 때면 이 성의 둘레와 이 궁방들에 있는 독스러운 것들이 모두 한통이 되어서, 미처 손을 쓸 수 없었던 그전의 복수를 하려는 것

같이 보이기 때문입니다(7궁방 4,1).

우리는 이것으로부터 7궁방의 사람도 다른 궁방의 특징들을 지닌 분심들과 마주친다고 결론지을 수 있다. 그러나 "그것이 오래가지 않은 것은 사실입니다.… 이 격동 속에서도 영혼은 그의 사랑하는 벗님을 모시고 있기 때문에 얻는 바가 뚜렷합니다. 즉 굽히지 않는 마음을 주께 얻어서 당신을 섬기는 일, 올바른 뜻에서 어긋남이 없게 된다는 것입니다"(7궁방 4,2). 분심들과 유혹들은 항상 우리와 함께 있다. 그러나 여기에 차이점이 있다. 중심 방 안에 있는 삼위일체 하나님의 현존은 영혼을 사랑의 교제 안에 붙잡으시고 그 안에 근거를 두게 하신다. 그래서 삶의 모든 고통과 시련들은 이제 십자가에 못 박히신 분과 더욱 동일시되는 기회가 된다. 그녀의 시선이 꾸준하게 십자가에 못 박히신 분에 고정될 때, 데레사는 그녀의 영적 여정 가운데 이 시점에서 삶의 의미를 확실하게 본다.

그것은 다름 아닌 하나님의 종이 되는 것, 십자가의 낙인이 찍힌 종이 되는 것입니다. 스스로의 자유를 고스란히 바쳐서, 바로 주께서 하신 그대로 전 인류의 노예로 자기를 팔아 잡수소서 하는 것입니다(7궁방 4,8).

우리는 물을 수 있다. 분심들이 잠재워지는가? 그것은 아닌 것 같다. 데레사는 그 질문에 대하여 이야기한다.

> 하지만 내가 전에도 말했듯이 그런 사람들이 속으로 누리는 안정은 밖의 휴식을 되도록 적게 가지려 하고, 아니면 전혀 휴식을 아니하려는 데에 있는 것입니다(7궁방 4,10).

데레사는 열정이 여기에서 정복되어진다고 말한다. 이것은 무절제한 욕망이 더 이상 지배하지 않음을 의미한다. 그러나 피할 수 없는 심적인 한계, 문화와 가정의 삶에 의해 형성된 점검되지 않은 태도, 그리고 본능적인 감정 등과 어려운 삶의 정황은 계속해서 영혼을 분산시킨다. 다시 말해서 차이점은 "영혼은 그의 정신 능력이나 감각, 그리고 육체에 딸린 전부가 게으름을 피울까 봐 그것들과 고통을 나눌 때보다 더 치열한 싸움을 성의 중심부에서 하게 됩니다…. 그의 님이 데리고 들어가서는 다시 못나오게 하시는 이 잔칫집의 포도주를 영혼이 한 번 마시고 나면 세찬 힘이 솟아나서 약하디 약한 육체 안에 넘치게 됩니다"(7궁방 4,10-11). 여기에서는 분심들을 다루는 것이 개인의 관심이 아니다. 그것보다 얼마나 더 잘 섬기느냐에 있다. 반복적으로 데레사는 이 7궁방의 목적이 선행에 있음을 주장한다.

기도란 결국 이것을 위한 것입니다. 나의 딸들이여, 영적 결혼도 이것을 위한 것이고, 이 결혼에서는 언제나 실행, 실행이 생겨나는 것입니다(7궁방 4,6). 즐기기 위해서가 아니라 오직 섬길 힘을 얻기 위해서 기도 중에 이 뜻을 두고 열심히 빕시다(7궁방 4,12).

수녀들이 그들은 영혼을 하나님께 가져갈 능력이 없다고 항의할 때 데레사는 견고한 충고로 맞선다. "…모든 사람에게 골고루 덕을 입히리라 생각하지 마십시오. 그저 함께 사는 이들에게나 잘하려 힘쓰십시오. 본분 상으로도 더욱 그래야 하는 만큼 이것이 가치로운 일일 것입니다"(7궁방 4,14). 다른 말로, 섬김을 위한 기회는 각 개인의 삶을 제한하는 피할 수 없는 한계 안에서 발견될 수 있다. 그 같은 섬김이 일으키는 분심들은 신뢰와 확신 안에서 자기 자신의 더 깊은 겸손과 하나님을 향한 더 깊은 승복을 위한 기회가 된다. 우리는 "주께서는 일의 크기를 보시지 않고 어떠한 사랑으로 하는가를"(7궁방 4,15) 보심을 알고 단순히 앞으로 나아가는 것이다.

결론

개관과 요약

데레사의 일곱 궁방들은 하나님 안에서 모든 것을 발견하고자 하는 여정에서 인간의 경험을 명명하고자 시도한다. 각각의 궁방들은 하나님의 자기소통적 사랑의 경이로움과 낭비와 분심을 향하는 자아의 혼란스런 경향 둘 다를 드러낸다. 진정한 자아는 성취의 투지로서가 아니라 선물로서 실현된다. 하나님과 인간의 연합을 송축하는 마음의 포도주 저장고로 우리 영혼을 이끄시는 분은 하나님이시다. 자아는 복잡한 기획 안에서가 아니라 하나님과의 교제 안에서 피어난다. 하나님은 교제 가운데 자신을 내주시는 분이시다. 우리는 하나님께 드리는 자아의 선물 안에서 우리 자신이 되고, 이는 또한 다른 이들과 진정한 자기 내줌의 교제를 가능케 한다. 데레사의 궁방들은 우리의 여정을 계획하고 그 길을 벗어날 때 우리에게 경고하는 신비적 지도와 같다.

첫 번째 궁방은 피상적인 삶의 장소이다. 우리는 하나님과 상관없이 진정한 자아의 바깥에 살고 있다.

두 번째 궁방은 "보다 더"의 삶으로 초대하는 자리이다. 내주하시는 하나님께서 개인 삶의 여정 전체 가운데 친밀하게 되시도록 허용하는 도덕적 회심으로의 초대이다.

세 번째 궁방에서는 기도하고 교회에 다니는 등 우리는 그리스도인이 행하는 일들을 한다. 겉으로는 좋아 보인다. 하지만 내면에는 한 방 그득히 우쭐함과 자기 만족, 그리고 극단적으로 가면 독선적이고 융통성 없는 보수주의자들과 독선적이고 융통성 없는 진보주의자들이 번식할 수 있는 곳이다. 엄격하게 고수하는 두 가지 입장은 궁극적 신비로서의 하나님과 삶의 신비적 복합성에의 관상적인 승복의 완화를 기다린다. 세 번째 궁방에서, 하나님은 정신이 하나님의 긍휼의 눈을 통해 실재를 보는 것을 시작할 수 있도록 우리를 지적 회심으로 초대하신다. 겸손인 진실은 "인류에 합류하라는," 또한 우리의 이른 바 거룩함의 한계들과 우리가 세상과 교회를 어떻게 보는가에 대한 한계들을 인정하라는 항시적인 초대이다. 우리가 보는 것은 실재의 한 부분에 지나지 않는다.

네 번째 궁방에서 하나님은 관상이라고 알려진 특정한 자기 소통을 주도하신다. 우리 측에서의 유일하고 적합한 반응은 기도와 일상에서의 통제를 내려놓는 방향으로 나아가는 것이다. 기도에서 우리는 신앙의 메마름 안에서, 그리고 영적 기쁨의 위안을 통해서 포기를 배운다.

다섯 번째 궁방은 영적인 거듭남이 비롯되는 하나님과의 연합의 짧은 경험으로 특징지어진다. 하나님의 창조적인 에너지의 충만함으로 누에는 고치를 치고 부활의 삶과 하나님의 아름다움 안에서 재탄생을 소망하는 가운데 죽는다.

여섯 번째 궁방은 우리와 소통하기 원하시는 하나님의 열망이 인간의 저항과 마주치는 어둔 밤의 장소이다. 하나님의 방문에 대한 정화된 민감성을 통해 우리는 신비인 우리 자신을 더욱 귀히 여기게 된다. 데레사가 환상과 말소리들을 통해서 삶의 일상에서 하나님을 보고 들은 것과 같이 영혼의 눈과 귀가 삶의 일상에서 하나님을 보고 듣도록 열린다. 우리가 하나님 안에서 모든 것을 보기 시작함에 따라, 이 세상의 것들에 대한 집착이 점점 줄어든다. 왜냐하면 우리에게 있어 그것들은 더 이상 같은 의미를 가지고 있지 않기 때문이다. 우리는 집착하지 않고, 그것들을 사용하며 즐길 수 있다. 우리는 내적 자유와 하나님의 자녀됨의 자유에 이르게 된 것이다.

일곱 번째 궁방에서 마침내 우리는 그리스도 안에 있는 진정한 거처를 찾게 된다. 그리스도의 마음은 이제 우리의 영구적인 쉼의 장소이다. 그리스도 안에서 그 무엇에도 방해받지 않는 평안을 얻는다. 그리스도의 관심이 우리의 관심이 되면서 섬김의 강력한 동력 또한 발견하게 된다. 이곳은 통합과 조화의 방들이다. 모든 인생의 고통과 육신의 아픔, 불의의 상처, 무심함과 질투의 상처들이 모두 복음적 삶과 겸손을 깊게 하는 데 이바지한다. 그들은 하나님을 향하여 투명해진다. 십 리를 더 가고, 다른 뺨을 돌려대고, 일곱 번씩 일흔 번을 용서하는 것은 삼위일체 사건의 표현적인 사랑 안에서 새로운 의미를 지닌다. 우리의 가장 깊은 중심 안에서 하나님과 연합되어 있으면 삶의 불안감을 주는 그 어떤 불의와 불공평도 개인의 평화를 흔들어 놓지 못한다. 이 중심으로부터 우리는 적합한 행동을 위한 명확성을 얻는다.

데레사의 궁방들로부터 우리는 인간으로서 우리를 구성하고 정체성을 주는 것이 고유하게 우리 것인 육체/정신 실재가 아니라 하나님과의 관계임을 배운다. 하나님은 열정적인 특이성으로 우리를 사랑하시며, 하나님 없이 존재할 수 없는 우리를 존재하도록 부르신다.[1] 자기 소통의 삼위일체적 사랑이신 하나님은 우리를 하나님의 형상대로 개인적(인격적) 타자성 안에서 수립하신다. 하나님의 초청하시는 사랑은 우리로 하여금, 신성한 삼위일체적 인격적 관계적 실존으로 이끄시는 하나님의 부르심에 대한 열정적인 응답을 가능하게 했다. 하나님과 비슷해지는 것은 하나님께서 우리를 위하시는 것처럼 타자를 위하는 것이다. 그리스도 안에서 우리는 하나님의 사랑받는 자들로서, 그리고 일상적인 인간 삶의 가장 세속적인 영역에서도 하나님의 영원한 말씀을 말하며 사

---

1) 로마서 4:17, "기록된 바 내가 너를 많은 민족의 조상으로 세웠다 하심과 같으니 아브라함이 믿은 바 하나님은 죽은 자를 살리시며 없는 것을 있는 것으로 부르시는 이시니라."

는 자들로서 인간 본성을 진정성 있는 인간성으로 향하게 하며 살아간다. 우리가 항상 존재하는 인격이 되게 하시는 하나님의 부르심에 저항하거나 돌아서면 우리는 자기 보존에 몰두하는 포로가 되고, 이는 기도를 혼란시키는 핵심에 있다고 할 수 있다.

기도 가운데 혹은 일상생활 가운데 우리를 혼란시키는 것은 미묘하지만 우리를 거룩하게 하시는 하나님의 과정에 대한 인간의 저항이다. 그러나 우리는 분심을 또 다른 관점에서 고려해 볼 수 있다. 하나님의 형상으로서 우리의 관계적 실존은 우리 전부를 포함한다. 안팎의 모든 것이 다른 것과의 관계 안에서 존재한다. 바울이 말한 바와 같이 우리 지체 중 아무것도 "나는 네가 필요하지 않다"라고 말할 수 없다. 마음(mind)을 끊임없이 자신이 아닌 타자로 흐르게 함으로써 타자를 사랑하시는 삼위일체의 관계적이고 역동적인 에너지에 참여함은 절룩거리고 불완전한 방법으로 우리도 그 사랑에 참여함을 반영한다. 마음의 끊임없는 생각과 우리의 분심들로 인해 방해받기보다는 더 깊은 신비의 반영으로서 그 분심들을 경이로움을 갖고 바라 볼 수 있다. 그것들이 비록 우리의 흩어진 정신(psyche)의 조각난 파편과 함께 우리의 유한한 존재의 실재에 우리로 하여금 뿌리를 두게 하더라도, 그것들 안에 기뻐할 수 있는 이유가 있다. 우리의 인성을 구성하는 모든 것들은 그리스도의 인성을 통하여 생명의 교제이신 하나님께 올려졌다.

거룩한 삼위일체적 교제는 우리를 어둔 밤으로 덮을 수 있다. 그러나 이 밤은 "새벽보다 더 사랑스러운" 밤이다. 한편으로 어둠은 하나님으로부터 우리를 분리시키는 모든 것의 표상이고, 다른 한편으로 신비주의의 수준에서 어둠은 시내산에서 하나님이 이스라엘 백성들에게 어두운 구름 가운데 나타나셨던 것처럼 자신을 계시하시는 하나님의 얼굴이기도 하다. 어둠은 마음(mind)이 인식할 수 있는 너머의 것, 즉 하나님의 자기 소통적 사랑에 직면했기 때문에 나타난다. 하나님은 상상도 할 수 없었던 가능성의 영역으로 마음을 이끄신다. 누가 감히 우리 인간이 하나님과 친밀한 연합을 열망할 수 있다고 생각이나 하겠는가! 하나님은 한편으로 우리의 가장 깊은 열망의 근원이시며, 다른 한편으로는 지성에 순전한 어둠이시다. 지성이 그것을 더욱 넘어서는 본체론적 실체(substantial substance)를 심사숙고하기 위해 헤매는 것은 놀랄 일이 아니다.

우리의 정체성이 하나님의 사랑이 우리를 존재하게 하는 포도주 저장고, 즉 하나님 안에 숨겨져 있기 때문에 동일한 사실이 우리의 정체성의 근원에도 적용된다. 데니스 터너(Denys Turner)는 그의 책 『하나님의 어둠』(*The Darkness of God*)에서 이를 말한다.

우리의 가장 깊은 중심, 우리의 행위가 흘러나오는 가장 친밀한 원천, 사랑할 자유는 우리 안에 있지만, 우리에게 속한 것은 아니며, "우리가" 소유할 수는 없지만 우리가 소유될 수 있는 것이다. 그래서 믿음은 우리를 즉각 "중심에서 분산시킨다"(de-centers). 왜냐하면 이는 경험상으로는 우리가 우리 자신을 중심에 두는, 우리의 자기 본위(selfhood)의 경험 구조를 해체하기 때문이다. 동시에 믿음은 어떠한 경험의 가능성도 넘어서는 토대 위에 우리를 "재중심화"(re-centered) 하는 신적 사랑으로 우리를 이끈다.[2]

하나님의 부르심(lure)은 우리의 초월적인 잠재력을 실현하는 것이다. 영혼에게 가장 높고 깊은 신적 임재의 수준은 항상 빛나는 어둠으로서 무지(unknowing)이지만 채울 수 없는 열망을 일으킨다. 하나님은 하나님이 아닌 모든 것을 참여에 의한 하나님으로 변화시키신다. 이러한 과정은 지성을 혼란에 빠뜨린다. 신비적 언어의 침묵은 하나님의 너무 많은 자기-소통의 결과이다. 지성과 상상력은 하나님의 불가해성(inconceivability) 앞에서 상상할 수 있는 생각이나 이미지를 향하여 자기 스스로의 만족을 찾아 떠난다.

모든 피조된 실재는 하나님께 나아갈 수 있는 접근 방법이고, 우리의 영은 피조된 것들을 알고 즐거워하도록 의도되었다. 그러나 그것이 우리를 덫에 걸리게 하거나 그것들에 집착하게 되어 그것들이 죄의 기회가 되거나 혼란시키는 생각을 통해 지나치게 정신이 팔리는 것은 하나

---

[2] Denys Turner, *The Darkness of God: Negativity in Christian Mysticism* (Cambridge, MA: Cambridge University Press, 1995), p. 251.

님의 의도에 대한 인간의 오용이다. 전통적 언어로, 이러한 실재는 원죄라고 알려져 있다.

우리가 분심에 의해서 혼란스러워질 때, 데레사의 궁방들은 바로 그 분심들을 통해 보다 깊은 자기 지식으로 우리를 안내한다. 그것들을 통해서 우리는 깊이 확립된, 존재하고 사고하고 관계 맺는 방법과 접하게 된다. 영혼의 궁방들에 관한 데레사의 통찰들은 우리에게 분심의 의미를 일깨워준다. 하나님은 내적 자유와 하나님을 향한 우리 삶의 더 깊은 승복으로 우리를 초청하신다. 저주가 되는 대신에 분심들은 축복이, 하나님의 방문이 된다. 하나님은 우리의 끊임없이 혼란케 하는 생각들을 통해 말씀하신다. 그것들을 통하여 하나님은 우리가 소중하게 여기는 것들을 더 주의하여 보도록 초청하신다. 변하는 것은 우리가 눈을 통하여 보는 대상들이 아니다. 하나님의 눈을 통해 모든 사물을 볼 수 있도록 우리의 눈 자체가, 즉 거룩한 렌즈가 주어진다. 하나님의 마음과 연합된 우리의 마음은 마음의 시각으로 새롭고 신성하게 보는 방식을 가능하게 한다.

조용히 반추해 본다면 우리의 분심들은 그리스도와 기독교 계시의 삼위일체 하나님과 더욱 깊게 우리를 연결할 수 있다. 그것들은 우리 영혼 안에서 하나님의 자기-소통이 어떻게 인간 의식을 혼란에 빠뜨리는지, 그리고 우리의 지성을 어떻게 보다 깊은 신앙으로 도전하게 하는지를 깊이 이해하도록 우리를 개방시킬 수 있다. 우리가 일곱 개의 궁방을 지나는 여정을 마쳤고 데레사의 『영혼의 성』에 있는 그 궁방들의 프리즘을 통하여 분심들과 그 의미를 봤기에, 희망컨대 이제 우리들이 우리의 분심의 목소리를 신선한 통찰력을 가지고 들을 수 있고, 어쩌면 하나님의 변화시키시는 과정에 필수적인 것으로 그들을 환영할 수 있을 것이다.

참고자료

Blommestijn, Hem, Huls Jos, Waaijmann, Kees. *The Footprints of Love: John of the Cross as Guide in the Wilderness*, translated by John Vriend (Leuven, Belgium: Peeters, 2000).

Burrows, Ruth. *Interior Castle Explored* (London & Dublin: Sheed & Ward/Veritas Publications, 1981).

Chapman, John. *Spiritual Letters* (London, 1935).

Chittester, Joan D. *Scarred by Struggle, Transformed by Hope* (Grand Rapids, MI: William B. Eerdmans Publishing Co., 2003).

Coakley, Sarah. *Power and Submissions: Spirituality, Philosophy and Gender* (Maiden, MA: Blackwell Publishers, 2002).

Damasio, Antonio. *The Feeling of What Happens: Body and Emotions in the Making of Consciousness* (San Diego, New York, London: A Harvest Book, Harcourt, Inc., 1999).

Egan, Keith J., editor. *Carmelite Prayer: A Tradition for the 21st Century* (New York/Mahwah, NJ: Paulist Press, 2003).

Eliade, Mircea. *A History of Religious Ideas*, translated by Willard R. Trask. (Chicago: University of Chicago Press, 1982).

Gendlin, Eugene, Ph.D. *Focusing* (New York: Bantam Books, 1981).

Hunt, Anne. *New Theology Studies 5: The Trinity and the Paschal Mystery: A *development in Recent Catholic Theology* (Collegeville, MN: The Liturgical Press, 1997).

John of the Cross, St. *The Collected of St. John of the Cross,* trans. Kieran Kavanaugh, OCD, and Otilio Rodriguez, OCD (Washington, DC: ICS Publications, 1991).

Keating, Thomas. *Intimacy with God: Transformation through Contemplation* (New York: Crossroad, 1994).

Levinas, Emmanuel. *Otherwise than Being or Beyond Essence,* trans. by Alphonso Lingis (Dordrecht: Kluwer Academic Publishers, 1991).

Lonergan, Bernard. *Method in Theology* (New York: Seabury Press, 1972).

Luke, Helen. *Dark Wood, White Rose* (Pecos, NM: Dove Publications, 1975).

May, Iain. *The Impact of God* (London: Hodder & Stoughton, 1995).

McFague, Sally. *Liberating Life: Contemporary Approaches to Ecological Theology,* edited by Charles Birch, et al (Maryknoll, NY: Orbis Book, 1990).

, *The Body of God: An Ecological Theology* (Minneapolis, MN: Fortress Press, 1993).

, *Life Abundant: Rethinking Theology and Economy for a Planet in Peril* (Minneapolis, MN: Fortress Press, 2001).

McIntosh, Mark. *Mystical Theology: The Integrity of Spirituality and Theology*

(Maiden, MA: Blackwell Publishers, 1998).

Moore, Sebastian. *The Fire and the Rose Are One* (New York: Seabury Press, 1980).

Nouwen, Henry. "Reborn from Above," in *Spiritual Life* (Washington, DC: ICS Publications, Spring Issue, 1992).

Rahner, Karl. "Experience of Self and Experience of God" in *Theological Investigations*, vol. 13 (New York: Crossroad. 1983).

⎯⎯, *The Great Church Year,* edited by Albert Raffelt (New York: Crossroad, 1993).

⎯⎯, *The Practice of Faith: Handbook of Contemporary Spirituality* (New York: Crossroad, 1986).

Rizzuto, M.D., Ana-Maria. *The Birth of the Living God: A Psychoanalytic Study* (Chicago: University of Chicago Press, 1981).

Seelaus, Vilma, OCD. "Crisis and Transformation: Turning Over the Compost Heap," in *The Way* (London: Heythrop College, January, 2004).

⎯⎯, "The Self: Mirror of God," in *The Way* (London: Heythrop College, January, 1992).

⎯⎯, "The Self in Postmodern Through: A Carmelite Response," in *Review of Religious* (St. Louis, MO: September-October 1999).

⎯⎯. "Teresa Revisions Humility: A Matter of Justice," in *The Land of Carmel:*

Essays in Honor of Joachim Smet, O. Carm. edited by Paul Candler, O. Carm. & Keaith Egan (Rome: Institutum Carmelitanum, Via Sforza Pallavicini, 10, 1991).

Swimme, Brian. *The Universe is a Green Dragon: A Cosmic Creation Story* (Santa Fe, NM: Bear & Co., 1984).

Talbot, Michael. *The Holographic Universe* (New York: Harper Perennial, 1992).

Teresa of Avila, St. *The Collected Works of St. Teresa of Avila* (3 volumes), trans. Kieran Kavanaugh, OCD, and Otilio Rodriguez, OCD. (Washington, DC: ICS Publications, 1976, 1980, 1985).

Th?r?se of Lisieux, St. *Story of a Soul: The Autobiography of St. Thérèse of Lisieux,* 3rd ed.; trans. John Clarke, OCD (Washington, DC: ICS Publications, 1996).

Turner, Denys. *The Darkness of God: Negativity in Christian Mysticism* (Cambridge, MA: Cambridge University Press, 1995).

Van Beeck, Franz Jozef, S.J. *Christ Proclaimed: Christology as Rhetoric* (New York: Paulist Press, 1979).

Vergo, Charles, Ph.D. "Foundations for a Spirituality Based Psychotherapy," in *Religion and Family,* edited by L. Burton (Hayworth Press, 1992).

Wink, Walter. *Unmasking the Powers: The Invisible Forces That Determine Human Existence* (Philadelphia: Fortress Press, 1986).